大数据时代智慧供应链管理的
优化策略探索

俞智超◎著

中国商务出版社

·北京·

图书在版编目（CIP）数据

大数据时代智慧供应链管理的优化策略探索 / 俞智
超著 . -- 北京：中国商务出版社，2024.8. -- ISBN
978-7-5103-5367-3

　　Ⅰ . F252.1-39
　　中国国家版本馆 CIP 数据核字第 20246JM344 号

大数据时代智慧供应链管理的优化策略探索

DASHUJU SHIDAI ZHIHUI GONGYINGLIAN GUANLI DE YOUHUA CELÜE
TANSUO

俞智超　著

出版发行：中国商务出版社有限公司

地　　址：北京市东城区安定门外大街东后巷 28 号　　邮　　编：100710

网　　址：http://www.cctpress.com

联系电话：010—64515150（发行部）　010—64212247（总编室）
　　　　　010—64515164（事业部）　010—64248236（印制部）

责任编辑：杨　晨

排　　版：北京盛世达儒文化传媒有限公司

印　　刷：宝蕾元仁浩（天津）印刷有限公司

开　　本：710 毫米 ×1000 毫米　　1/16

印　　张：12　　　　　　　　　　字　　数：187 千字

版　　次：2024 年 8 月第 1 版　　　印　　次：2024 年 8 月第 1 次印刷

书　　号：ISBN 978-7-5103-5367-3

定　　价：79.00 元

前　言

　　步入二十一世纪的第三个十年，我们也进入一个前所未有的数字时代，其中大数据与智能化技术以前所未有的深度和广度重塑着经济社会的方方面面。本书写在这样的时代背景下，旨在深入剖析和探讨大数据技术如何驱动供应链管理的智慧转型，进而促进社会经济的高质量发展，提升企业的全球竞争力。

　　本书首先从供应链管理的基础理论出发，逐步深入大数据时代下供应链管理的新形态——智慧供应链，解析其内在逻辑与外在表现，展现其在提升运营效率、增强市场响应速度、优化资源配置等方面的巨大潜力。智慧供应链的构建不再局限于单一企业的优化，而是着眼于整个供应链生态系统的协同与创新，力求在更广阔的视角下实现社会经济效益的最大化。通过深入分析大数据物流开放平台的作用，本书描绘了一个数据驱动、互联互通的物流新蓝图，为实现供应链管理的智慧化升级奠定了坚实基础。

　　本书从技术、商业模式、制度三个维度深入探讨智慧供应链管理的创新路径，每一章节都力图在理论与实践之间架起桥梁，既分析理论上的可行性，也探讨实践中的应用，旨在为企业提供一套可借鉴、可操作的智慧化转型策略。通过对比不同创新路径的优势与局限，本书鼓励读者思考如何根据自身的实际情况，灵活运用各种策略，以实现最优的创新效果。

　　在智能技术的应用方面，本书详细阐述了智能技术在物流配送、仓储、协同、预测分析以及供应链金融等环节发挥核心作用，不仅提升了物流效率，还极大地增强了供应链的韧性与灵活性。通过对智慧物流信息技术与应用的深度剖析，本书揭示了物流行业如何利用大数据、物联网、人工智能等前沿技术，构建起更加高效、透明、绿色的物流管理体系，为物流行业的整体进步与产业升级提供了宝贵的思路和方案。

最后，本书展望了物流管理的未来图景："互联网＋物流"的深度融合，以及第四方物流的崛起、绿色物流的推广、电子商务物流的智能化等，强调了在这个快速变革的时代中，持续学习与创新的重要性。本书虽尽力捕捉并分析了大数据时代物流管理的最新动态与趋势，但深知仍有许多未知领域有待探索，许多复杂问题等待解决。诚挚地希望本书能为读者提供有益的启示与参考，同时也期待着更多的专业人士加入这次激动人心的智慧物流与供应链管理的探索之旅，共同推动行业的进步与发展。

在本书编写过程中，作者始终坚持严谨的学术态度与开放的创新思维，但鉴于知识的无限性和个人认知的局限性，难免存在疏漏与不足，恳请广大读者批评指正。我们期待通过交流与反馈，推动智慧供应链管理领域的研究与实践向更深、更广的层次迈进。

作 者

2024.2

目 录

第一章

大数据时代供应链管理概述

第一节　供应链管理概述

一、供应链的概念

供应链概念的形成是一个逐步演进的过程。早期的观点认为，供应链仅存在于制造业，它是将采购的原材料和零部件，通过生产转换和销售等活动传递给用户的过程。传统的供应链概念局限于企业的内部操作，注重企业自身的资源利用。随着企业经营理念的进一步发展，供应链的概念扩大到了与其他企业的联系，注意到了供应链的外部环境。

一般而言，某一商品从生产地到达消费者手中，相关参与者依次为：供货商、制造商、分销商、零售商、消费者。从商品的价值在业务连锁中逐渐增值的角度看，这一过程可称为价值链；从满足消费者需求的业务连锁角度看，可称其为需求链；从与供货密切相关的企业角度看，可称其为供应链。

二、供应链的构成要素

供应链涵盖从原材料供应，到工厂的开发、加工、生产，再到批发、零售，最后到客户的最终产品或服务的形成和交付的一切业务活动。一般来说，构成供应链的基本要素包括：

（1）供应商，指给生产厂家提供原材料或零部件的企业；

（2）制造商，即厂家，主要负责产品开发、生产和售后服务等；

（3）分销商，指为实现将产品送到经营地范围每一个角落而设的产品流通代理；

（4）零售商，是将产品销售给消费者的企业；

（5）客户，即用户，是最终的消费者。

供应链的主要活动还伴随着物流、资金流、信息流、商流。供应链是由供应商组成的网链结构，而供应商是产品或服务的提供商，如原材料供应商、产品供应商、物流供应商（如第三方、第四方等）、信息供应商（如网站、媒体等）、资金供应商（如银行、金融机构等）。供应商之间接受订货、签订合同等形成商流，它们的用户处在供应链的不同位置，供应商对于用户来说提供的是产品或服务；对于终端需求（最终用户）来说，不同位置的供应商提供的是半成品或中间服务。

三、供应链的特征

供应链是一个网链结构，由顾客需求拉动，能高度一体化地提供产品和服务，每个节点代表一个经济实体及供需的两个方面。供应链的特征主要有以下几点。

（一）增值性

所有的生产运营系统都是将一些资源进行转换和组合，并增加适当的价值，然后把产品"分送"到在产品的各传送阶段可能考虑到也可能被忽视的顾客手中。

（二）整合性

供应链本身是一个合作共赢、协调一致的系统，它有多个为了共同的目标，协调运作，紧密配合的合作者。

（三）复杂性

因为供应链节点企业组成的跨度（层次）不同，不少供应链是跨国、跨地区和跨行业的组合，所以供应链结构模式相较于单个企业的结构模式更为复杂。

（四）虚拟性

供应链的虚拟性主要表现在它是一个协作组织。这种组织依靠信息网络和相对稳定的关系，为了共同的利益，强强联合，优势互补，协调运转。供应链犹如一个虚拟的强势企业群体，在不断地优化组合。

（五）动态性

现代供应链的出现是企业适应市场需求变化的需要。供应链中的企业都是经过挑选的合作伙伴，但合作关系也并非固定性的，会随目标的转变而转变，随服务方式的变化而变化。无论是供应链结构，还是其中的节点企业，都需要更新，这就使供应链具有明显的动态性。

（六）交叉性

交叉性是指供应链中的企业既可以是这个供应链的成员，也可以是那个供应链的成员。众多的供应链形成交叉结构，增加了协调管理的难度。

四、供应链的类型

根据不同的划分标准，可以将供应链分为不同类型。

（一）稳定的供应链和动态的供应链

根据供应链存在的稳定性，可以分为稳定的供应链和动态的供应链。基于相对稳定、单一的市场要求而组成的供应链，稳定性较强；而频繁变化、需求复杂的供应链，动态性较强。在实际管理中，需要根据不断变化的需求，改变供应链的组成。

（二）平衡的供应链和倾斜的供应链

根据供应链容量与用户需求的关系，可以分为平衡的供应链和倾斜的供应链。一个供应链具有一定的、相对稳定的设备容量和生产能力（所有节点企业能力的综合，包括供应商、制造商、运输商、分销商、零售商等），但用户需求是不断变化的。当供应链的容量能满足用户需求时，供应链处于平衡状态；而当市场变化加剧，造成供应链成本增加、库存增加、资金浪费时，企业运作未处于在最优状态，供应链则处于倾斜状态。平衡的供应链可以实现各主要职能（包括采购、生产、分销、市场和财务）之间的均衡：采购方面实现低采购成本，生产方面实现规模效益，分销方面实现低运输成本，市场方面实现产品多样化，财务方面实现资金快速运转。

（三）有效性供应链和反应性供应链

根据供应链的功能模式，可以分为有效性供应链和反应性供应链。有效性供应链主要体现供应链的物理功能，即以最低的成本将原材料转化成零部件、半成品、成品进行的采购、生产、存储和运输等；反应性供应链主要体现供应链的市场中介功能，即把产品分配到用户需求的市场，对未预知的需求做出快速反应等。

（四）内部供应链和外部供应链

根据活动范围，可以将供应链分为内部供应链和外部供应链。内部供应链是指企业内部生产和流通所涉及的采购部门、生产部门、仓储部门、销售部门等组成的供需网络；而外部供应链则是指企业外部的，与企业相关的产品生产和流通涉及的原材料供应商、生产厂商、储运商、零售商及最终消费者组成的供需网络。

五、供应链管理的概念

供应链管理的业务流程是两个相向的流程的组合：一是从下游最终用户到上游初始供应商的市场需求信息的传导过程；二是从上游初始供应商向下游最终用户的不断增值的产品和服务的传递过程。供应链管理即使这两个核心业务流程一体化运作，包括统筹的安排、协同的运行和统一的协调。

全球供应链论坛将供应链管理定义为：从最终用户到最初供应商的所有为客户及其他投资人提供价值增值的产品、服务和信息的关键业务流程的一体化。

中国国家物流协会对供应链管理的定义是：以提高企业个体和供应链整体的长期绩效为目标，对特定企业内部跨职能部门边界的运作和在供应链成员中跨企业边界的运作进行战术控制。

虽然目前对供应链管理的概念表述不一，但有一点可以达成共识：供应链管理代表的不仅仅是某种管理方法，而是一整套管理理念。供应链管理能够帮助企业获得在全球市场上的成功。分享信息和共同计划可以使整体物流效率得到提高。

六、供应链管理的特点

（一）供应链管理是一种基于流程的集成化管理

传统的管理以职能部门为基础，往往因职能矛盾、利益目标冲突、信息分散等，各职能部门无法完全发挥其应有效能，因而很难实现整体目标最优。供应链管理则是一种纵横的、一体化经营的管理模式，它以流程为基础，以价值链的优化为核心，强调供应链整体的集成与协调，通过信息共享、技术扩散、资源优化配置和有效的价值链激励机制等实现经营一体化，要求采用系统的、集成化的管理方法来统筹整个供应链的各个功能。

（二）供应链管理是全过程的战略管理

供应链中各环节不是独立的，而是环环相扣的一个有机整体，因而不能将供应链看成由采购、制造、分销与销售等构成的分离的功能块。由于供应链上的采购、制造、分销等职能目标之间在利益分配中存在冲突，只有最高管理层才能充分认识到供应链管理的重要性与整体性，只有运用战略管理思想才能有效实现供应链的管理目标。

（三）供应链管理提出了全新的库存观

传统思想认为，库存是维系生产与销售的必要措施，其可以保护生产、流通或市场，避免受到上游或下游在供需方面的影响，因而企业与其上下游企业在不同的市场环境下只是实现了库存的转移，整个社会库存总量并未减少。在买方市场的今天，供应链的实施可以加快产品流向市场的速度，缩短供应商和消费者之间的距离。另外，供应链管理把供应商看作伙伴，而不是对手，从而使企业对市场需求的变化反应更快、更经济，总体库存大幅度降低。从供应链角度来看，库存不一定是必需的，它只是使供需达到平衡的最后保障。

（四）供应链管理以最终客户为中心

不管供应链中的企业有多少，也无论供应链是长还是短，供应链都是由客户需求驱动的，企业创造的价值只有由客户的满意和生产的利润来衡量。供应链管理以最终客户为中心，将客户服务、客户满意与客户成功作为管理的出发点，并贯穿供应链管理的全过程。

（五）供应链管理采取新的管理方法

用综合方法代替接口的方法，解除最薄弱链以寻求总体平衡，简化供应链以防止信号的堆积放大，采用经济控制论，对整个供应链进行战略决策。

七、供应链管理的内容与目标

（一）供应链管理的内容

1. 信息管理

随着知识经济时代的到来，信息取代劳动和资本，成为影响劳动生产率的主要因素。在供应链中，信息是各方沟通的载体，供应链中各阶段的企业通过信息这条纽带集成起来。可靠、准确的信息是企业决策的有力支持和依据，能有效降低企业经营中的不确定性，提高供应链的反应速度。因此，供应链管理的主线是信息管理，信息管理的基础是构建信息平台，实现信息共享。供应链已结成一张覆盖全区域乃至全球的网络，从技术上实现与供应链其他成员的集成化和一体化。

2. 客户管理

在供应链管理中，客户管理是供应链管理的起点，供应链源于客户需求，也终于客户需求，因此供应链管理的核心是满足客户需求。然而客户需求千变万化，而且存在个性差异，往往难以预测，一旦预测需求与实际需求差别较大，就很有可能造成产品的积压，增加成本，甚至造成巨大的经济损失。因此，真实、准确的客户管理是企业供应链管理的重点。

3. 库存管理

一方面，为了避免缺货影响销售，企业必须保持一定量的库存，以备不时之需；另一方面，库存占用了大量资金，既影响了企业的扩大再生产，又增加了成本，在库存出现积压时还会造成巨大的浪费。因此，一直以来，企业都在寻找确定适当库存量的方法，传统的方式是进行需求预测，然而需求预测与实际情况往往存在误差，直接影响了库存决策。如果能够实时掌握客户需求，做到在客户需要时再组织生产，就能解决这个问题了，即以信息代替库存，实现库存的"虚拟化"。因此，供应链管理的一个重要任务是利用先进的信息技术，收集供应链上下游及市场需求方面的信息，用实时、准确的信息取代实物库存，减少需求预测的误差，从而降低库存的持有风险。

4. 关系管理

传统的供应链成员之间是纯粹的交易关系，各方都遵循"单向有利"的原则，所考虑的主要是眼前的既得利益，并不考虑其他成员的利益。这是因为每个企业都有自己的目标，这些目标与供应链中的上下游企业往往存在一些冲突。如，制造商要求供应商能够根据自己的生产要求灵活并且充分地提供原材料；供应商则希望制造商能够周期性地大批订购，即有稳定的需求，因而两者之间就产生了目标冲突。这种冲突无疑会大大增加交易成本。同时，社会分工的日益深化使企业之间的依赖性更高，交易也日益频繁。因此，降低交易成本对于企业来讲非常必要。而现代供应链管理理论提供了提高竞争优势、降低交易成本的有效途径，这种途径就是通过协调供应链各成员之间的关系，加强与合作伙伴的联系，在协调的合作关系的基础上进行交易，优化供应链，从而有效地降低供应链整体的交易成本，使供应链各方同时受益。

5. 风险管理

供应链上企业之间的合作会因为信息不对称、信息扭曲、市场的不确定性，以及政治、经济、法律等因素，具有一定风险。为了使供应链上下游的企业都能获得满意的结果，必须采取一定的措施规避风险，如提高信息透明度和共享性、优化合同模式、建立监督控制机制等，尤其是必须在企业合作的各个阶段采取一些激励手段，以使供应链企业之间的合作更加有效。

（二）供应链管理的目标

供应链管理通过调和总成本最低化、客户服务最优化、总库存量最小化、总周期时间最优化及物流质量最优化等目标之间的冲突，实现供应链绩效最大化。供应链管理的目标可理解为：

（1）持续不断地提高企业在市场上的领先地位；

（2）不断对供应链中的资源及各种活动进行集成；

（3）根据市场需求，不断地满足顾客需求；

（4）根据市场的变化，缩短产品到消费者手中的时间；

（5）根据物流在整个供应链中的重要性，消除各种不合理损耗，降低物流成本，减少库存；

（6）提高供应链的运作效率，降低供应链的总成本，使经营者有能力适应市场变化并及时做出反应。

八、物流管理与供应链管理的联系和区别

（一）物流管理与供应链管理的联系

供应链管理理论源于物流管理研究，经历了一个由传统物流管理到供应链管理的演化过程。事实上，供应链管理的概念与物流管理的概念密切相关，人们最初提出"供应链管理"一词，是用来强调在物流管理过程中，企业减少内部库存的同时也应该考虑减少企业之间的库存。随着供应链管理思想越来越受到欢迎和重视，其视角早已拓宽，不仅着眼于降低库存，其触角已延伸到企业内外的各个环节、各个角落。从某些场合下人们对供应链管理的描述来看，供应链管理类似于穿越不同组织界限的、一体化的物流管理。

实质上，供应链管理战略的成功实施必然以成功的企业内部物流管理为基础。能够真正认识供应链管理的作用并率先提出供应链管理概念的，就是一些具有丰富物流管理经验的顶尖企业。这些企业在研究企业发展战略的过程中发现，面对日益激烈的市场竞争，仅靠一个企业和一种产品的力量已不足以赢得胜利，企业必须与它的原料供应商、产品分销商、第三方物流服务者等结成持久、紧密的联盟，建设高效率、低成本的供应链，才可以从容面对市场竞争，并取得最终胜利。

（二）物流管理与供应链管理的区别

1. 范围不同

物流管理是供应链管理的一个子集，两者并非同义词。物流管理在恰当的实

施下，总是以点到点为目的，而供应链管理整合了物流的功能、模糊了企业之间的界限，其功能超越了企业物流管理的范畴。如企业的新产品开发，强大的产品开发能力可以成为企业有别于其对手的竞争优势，乃至成为促使其长期发展的核心竞争能力，而产品开发过程涉及方方面面，包括营销理念、研发组织形式、制造能力、物流能力、筹资能力等。这些业务关系不仅仅存在于企业内部，还涉及企业的众多供应商或经销商，以缩短新产品进入市场的时间，这些都是供应链管理要整合的内容。显然，单从一个企业的物流管理的角度来考虑，很难想象它会将这么多的业务联系在一起。

2. 对一体化的理解不同

从学科发展角度，也不能简单地将供应链管理理解为一体化的物流管理。一体化的物流管理分为内部一体化和外部一体化两个阶段。目前，即使是在物流管理发展较早的国家，许多企业的发展也仅仅处于内部一体化的阶段，或者刚刚认识到结合企业外部力量的重要性。正如供应链管理的定义所指出的那样，供应链管理所包含的内容比传统物流管理要广得多。在考察同样的问题时，从供应链管理来看，视角更宽泛，立场更高。

3. 研究的范围不同

供应链管理需要研究的范围比物流管理更广。除了物流管理领域，制造与运作管理领域也需要研究和使用供应链管理。

4. 学科体系的基础不同

供应链管理思想的形成和发展，是以在多个学科体系为基础的，其理论根基远远超越了传统物流管理的范围。正因如此，供应链管理还涉及许多管理的理论和内容。它的内涵比传统的物流管理更丰富，覆盖面更广泛，而对企业内部单个物流环节就不如传统物流管理、考虑得细致了。

5. 优化的范围不同

供应链管理把对成本有影响的和影响最终客户满意度的各个环节都考虑在内，包括从供应商和制造工厂经过仓库和配送中心到零售商和顾客；而物流管理则只考虑自己路径范围内的业务。

首先，物流管理主要从一个企业的角度考虑供应、存储和分销，把其他企业当作一种接口关系处理，没有深层次理解其他企业内的操作，企业之间是单纯的业务合作关系；而供应链管理的节点企业之间是一种战略合作伙伴关系，要求供应链所有节点企业进行合作，使它们形成一个动态联盟，实现"双赢"。

其次，物流管理强调一个企业的局部性能优先，并且采用运筹学的方法分别研究相关的问题。通常，这些问题被从它们的环境中分离出来，不考虑与其他企业的关系。而供应链管理将每个企业都当作供应网络中的节点，在信息技术支持下，采用综合的方法研究相关的问题，通过紧密的功能协调追求多个企业的全局性能优化。

最后，物流管理经常是面向操作层次的，而供应链管理更关心战略性的问题，侧重于全局模型、信息集成、组织结构和战略联盟等方面。

第二节　大数据时代智慧供应链分析

一、物流行业大数据的主要特点

云计算、物联网成为业内研究者讨论的重点话题，很多相关企业在世界范围内拥有较强影响力，开始进行相关的大数据的研究及应用。物流行业在运行过程中会产生大量的数据资源，物流企业要想增强自身的竞争实力，就要充分发挥大数据的作用。

（一）来源复杂，类型繁多

数据信息的来源非常广，总体上包括如下八个渠道：互联网与移动互联网、电商渠道、媒体渠道；商务智能系统、企业决策参考系统；智能终端、设备，监控设备及传感系统；以手机为代表的移动设备、计算机、存储设备；射频识别系统、全球导航系统、地理信息系统、物联网系统、车联网系统；第三方平台、数据分析系统、云计算；行业分析报告、行业活动调查等；企业交易、沟通过程中产生的数据。

来源广泛的大数据，类型繁多，具体分为以下八种：

（1）用户行为、喜好、习惯，以及他们在沟通过程中产生的数据。

（2）网络数据、用户网络活动记录、电商交易数据、流量统计数据等。

（3）技术设备捕捉到的数据，包括监控信息、传感器显示数据、车载信息、实体数据等。

（4）企业内部信息系统获取或分析的数据，具体包括决策参考信息、供应链数据、人力资源数据、顾客数据、客服记录、市场数据、产品数据等。

（5）个人计算机、移动设备使用数据。

（6）地理定位数据、射频识别设备显示数据、车载设备显示数据、全球定位系统追踪数据、车辆数据、监控数据等。

（7）客户关系管理、数据仓库、知识发现（KDD）、流量统计及各类应用数据。

（8）行业报告、科研调查、公共数据等。

（二）结构多维，格式多样

物流运营过程中产生的数据，无论是结构还是格式都不是单一的。

1. 结构化数据、非结构化数据以及半结构化数据

除了结构化数据，非结构化数据与半结构化数据也是物流数据的重要组成部分。其中，非结构化数据包括文本、图片、文档、专业报表、音频、视频等；半结构化数据包括电子邮件、JSON 文档、日志文件等。

2. 内部数据与外部数据

内部数据是企业本身在运营过程中产生的，如企业交易数据、客户关系管理数据等；外部数据通常由第三方提供。对物流企业而言，内部数据与外部数据的区别十分明显。其中，内部数据涉及行业标准与商业机密，私密性较强；相比

之下，外部数据的公开程度更高一些。

3. 多样化的结构特征，决定大数据拥有不同的格式

以往常见的数据格式有报表、档案、信函、纸质文件等，网络时代又出现了电子邮件、音视频、电子文档、图片等多种格式。这些格式的兼容性较差，无法统一存储及管理，增加了数据获取、存储、调用及分析的难度。

二、物流行业大数据的应用特征

（一）大数据的应用潜力巨大

以往，结构化数据与内部数据是企业制定决策时参考的主要数据类型。商业智能（BI）拓展了企业的发展空间，尽管如此，非结构化数据、外部数据仍未被充分利用，企业参考信息不足，容易出现决策失误。

随着大数据技术的高速发展与普遍应用，外部数据逐渐成为企业重要的信息资源，结构化数据无法为企业的决策提供全面、准确的参考信息，使企业面临诸多风险。如果物流企业仍然固守传统的思维模式，就会在数据处理过程中面临信息传送慢、成本消耗大、系统运营受限大等问题。利用大数据技术，企业不仅能够提高自身的数据处理能力，还能够节约成本。

（二）大数据的供应链特征明显

在物流领域内，大数据的供应链特征逐渐显露出来。这个供应链由多个环节组成，具体包括数据获取、数据整理、数据分析、数据价值挖掘、数据应用等。参与主体也很多，包括数据来源方、数据获取方、数据服务平台、数据技术及服务提供方、数据应用投资方、数据应用方等。

对物流企业来说，在参与数据供应链时，能够发挥多种功能。具体而言，物流企业可以将自己的内部数据、结构化数据分享出来，也可以投资相关数据产业，或者进行数据应用。如果条件允许，企业还能发挥更多的作用。在这个环节，企业若擅长数据供应链整合，则能够在竞争中掌握更多的主动权。

三、大数据环境下的供应链管理

供应链上下游企业间的交易活动产生了大量数据，在传统供应链管理模式下，这些数据不是被忽视，就是未被充分利用。进入大数据时代，企业对数据的重视程度越来越高，再加上各种数据挖掘与分析技术逐渐成熟，企业可以充分利用大数据对供应链管理进行优化。在大数据环境下，企业供应链管理具有三大特点。

第一，智能化。在供应链管理模式下，企业的管理系统跨地区、跨部门、跨行业，变得越来越复杂。数据与信息的规模越来越庞大，如果没有与之匹配的数据平台根本无法处理，自然无法将其用到实际生产、生活之中。在此情况下，供应链管理必须有技术支持，也就是必须实现智能化。

第二，协同化。供应链管理不是一个企业就能做好的，需要各节点企业相互配合，从而形成竞争力较强的产业链。在大数据环境下，数据只有流动起来才能产生价值，为此，供应链企业必须进行数据共享与互联，从而实现协同发展。

第三，市场化。在大数据环境下，市场数据收集变得越发简单，以用户需求为驱动力形成的供应链逐渐成为主流。在此情况下，供应链是否有竞争力的判定标准就变成了能否利用数据为客户提供满足其个性化需求的产品或服务，能否开展精准营销。因此，在大数据环境下，供应链管理必将向着市场化的方向发展。

（一）精准收集数据，提升企业市场预测的准确性

在供应链管理过程中，最重要的一个环节是制订供应链管理计划，这一环节也是整个供应链管理过程的开端，对供应链在未来一段时间的运行具有指导作用。虽然最初的供应链计划也强调协同及协同式供应链库存管理（CPFR），但因为客户信息无法共享，再加上企业过于关注自身利益，所以供应链计划通常是企业根据历史销售数据及经验制订，然后逐级向上游企业传递的。在这个过程中，信息容易失真，距离市场较远的企业容易出现"牛鞭效应"，使企业蒙受巨大的损失。

在大数据环境下，企业以数据平台为媒介可与市场数据实现全面对接，明确市场需求，对消费者的消费趋势乃至市场发展趋势做出准确预测。

（二）充分利用数据，实现供应链企业之间的无缝衔接

企业的最终目标就是获取最大利润。虽然从理论上讲，企业可以借供应链管理获取长期利益，但在实际推行的过程中，如果供应链利益与企业利益发生矛盾，企业会更倾向于维护自身利益，从而使供应链各节点企业无法顺畅沟通。

在大数据环境下，计算机与互联网技术早已渗透到了供应链各节点企业中。借助数据平台，构建数学模型，企业可对各种供应链方案的运行结果进行预演，从而找出最有效的供应链方案；还可以对受益于该方案的企业和受损于该方案的企业进行排序，让受益企业弥补受损企业，从而让供应链上的所有企业都能获取经济利益。

除此之外，在大数据环境下，企业可以快速获取信息，有效提升供应链各环节的操作效率，使采购、生产、存储、销售等各个环节的运行效率都能大幅提升。比如，某供应链上的零售企业缺货，只需将缺失的商品信息录入平台，系统就能自动匹配到距离该企业最近的仓库，自动计算出运输路线，在最短的时间内将商品送达。

（三）有效数据分析，优化企业战略

企业战略涉及企业发展的基本问题、长期性和整体性问题，如企业竞争战略、营销战略、经营战略、品牌战略等。传统企业战略的制定流程一般是自上而下的，即先制定总体战略再细化为具体战略；某些企业也采取自下而上的方式，先由各职能部门制定部门战略，再在此基础上形成企业战略。无论采用哪种方式，战略制定者的个人经验与倾向都发挥着决定性作用。

进入大数据时代之后，企业制定战略更加理性，企业战略也得以优化。在大数据时代，企业可利用大数据技术对来自内部、外部的数据信息进行全面分析，根据数据的智能化分析结果制定企业战略。比如，企业可利用供应链数据信息，

结合对成本、市场竞争、业务量、发展趋势的分析制定品牌战略，结合对企业采购、销售、存储、物流等信息的分析制定经营战略。

（四）发挥数据优势，重构企业流程

很多企业使用的仍是传统的职能制组织结构。在这种组织结构下，企业不仅可以制定、发布统一的行政命令，其职能管理也更加专业化。随着信息技术的迅猛发展及大数据时代的来临，企业所处的市场竞争环境发生了巨变，必须在极短的时间内对市场变化做出响应。在这种情况下，职能制组织结构就显现出一个巨大的不足——信息传递效率差，严重影响供应链运行。为了提升信息传递效率，提升供应链管理水平，企业必须围绕业务流程创建一种新的组织结构。

虽然供应链管理与大数据应用都属于新生事物，但近年来，这两种新生事物在企业界的应用已十分广泛。未来，随着互联网技术的不断发展，大数据分析在供应链管理领域的应用将更加广泛，供应链管理将使企业战略制定、企业流程优化、产品需求的预测等更加科学、规范，最终使供应链各节点企业实现共赢。

第三节　大数据物流开放平台的构建

一、大数据物流开放平台业务设计

如今，大数据的应用范围不断拓展，对多个领域的发展产生了巨大影响。举例来说，金融机构通过提取、分析交易数据，能够发现交易中存在的欺诈行为；医疗机构可以将患者信息和治疗进度分享给医药研发部门，提高药物疗效；交通部门可以利用大数据提高交通运输能力，促进智慧城市的建设与发展，等等。

迅速发展的电商行业对物流平台的运行提出了更高的要求。如今，物流开放平台需要在相同的时间内处理更多的包裹，而急剧增加的任务量使其运营短板逐渐显露出来。有些商家在库存管理方面存在问题，难以优化自身经营，无法实

现供给与需求之间的匹配。以"6·18""双11"为代表的电商促销节，导致物流网络在短时间内压力倍增，出现货物积压问题，但因为物流企业的运输效率较低，难以优化运输线路，车辆资源也得不到充分的利用，大数据的应用则为企业提供了有效的应对方案。

现阶段，仓储备货、配送中心选址、车辆调度和运输线路布局，构成大数据环境下物流开放平台的主导业务内容。

（一）仓储备货

仓储备货主要是指对网络搜索趋势、气候预测、社交平台信息进行分析与处理，据此提高企业的库存管理能力。具体而言，仓储备货就是获取网站的访问记录、消费者关注的信息类型、电商平台的交易数据、物流公司的运营情况等数据，在进行数据分析的基础上保持正常的货物供应。

利用大数据优化仓库备货，可以提高库存管理的针对性，准确预测货物需求量，节约商家在库存环节的成本消耗。以菜鸟为例，其能够利用大数据技术对以往货物需求量、商家信息、备货量等数据进行有效的挖掘和处理，实现物流信息的高效流通，为商家备货提供精准参考。

（二）配送中心选址

如果仓储空间的位置布局不合理，就会增加运输成本。具体而言，布局密度过低会导致车辆空载，布局密度过高则会延长运输线路，这些都不利于总体运输效率的提高。要改善这种局面，就要合理布局仓储空间，优化整体的货物管理。

物流企业要注重配送中心的选址，应将交通运输情况、以往快递物流方向、配送空间布局情况等都考虑在内。

（三）车辆调度和运输线路布局

1. 调整调度方案

以包裹配送追踪数据、包裹配送反馈数据、车辆资源分布数据为参考，改革当下的车辆调度模式，提高配送车辆的利用率，提高各个配送网点的车辆供给与需求之间的匹配度，优化整体的资源利用方式，提高配送效率。

2.制定运输线路

依据发货地、包裹接收地、配送过程中的天气、交通情况等，选择最理想的运输路线，全面提高物流的运作效率。

二、大数据物流开放平台业务特点

物流开放平台涉及的数据类型有网络搜索数据、车辆轨迹数据、地理信息系统数据、天气数据、物流公司以往配送数据、商家信息及货物需求数据、社交媒体数据等。由此可见，物流开放平台将结构化数据与非结构化数据融为一体，且突破了平台界限。

除此之外，时效性也是电商客户非常重视的。物流配送环节的运作能够对整体消费体验产生影响，而电商物流配送具有周期短、货物集中性低等特点，要想满足电商客户的需求，就要提高大数据分析的实时性。下面对大数据的特点、物流开放平台的数据分析要求进行简要分析。

（一）面向数据的实时分析

随着电商的快速发展，电商客户提出了许多新的物流要求，因而物流开放平台面临的市场环境日新月异，而物流开放平台要想从容应对，就要充分了解自身的业务运营情况。为此，物流开放平台要及时对平台运营过程中产生的数据资源进行处理。在网络时代，物流开放平台在运行过程中产生的数据规模会持续扩大，这要求物流开放平台必须不断提高信息处理的能力及分析速度。

（二）非结构化和结构化数据的整合

以往，结构化数据是电子商务数据的主导类型，主要为文本形式。如今，除了结构化数据，非结构化数据也占据了重要位置，如地理位置数据、社交化网络数据、网络日志信息等。

在物流平台处理非结构化数据的过程中，还要获取分析文本信息、图像信息、地理空间信息等，并对数据进行深度加工与处理。要想提炼出有价值的数据信息，还要整合非结构化数据与结构化数据。

（三）跨业务平台数据的关联分析

企业各个业务板块的数据分属于不同的系统，在具体应用过程中，由于各个系统相对独立，缺乏数据层面的交流共享，无法实现数据资源的充分利用；另外，企业只注重关键业务数据，对其他数据缺乏重视。相较于单一业务模块的数据挖掘，对不同模块的数据进行处理显然更具价值。而物流开放平台要实现这一点，就要进行数据关联与整合利用。

三、大数据物流开放平台关键技术

了解了物流开放平台业务数据处理方式后可知，为了满足用户获取及分析海量数据的需求，物流开放平台有必要搭建统一的大数据平台，给用户提供便利。在具体实施过程中，物流开放平台要配备专业的数据管理平台，用于处理各种类型的数据信息，采用多元化的技术手段和工具设备进行数据管理；还要制订实时预测分析解决方案，对结构化数据和非结构化数据进行整合，方便用户随时随地在大数据平台进行信息搜索和共享。

（一）分布式存储技术

物流开放平台涵盖了地理信息数据、社交媒体数据、车辆追踪数据等。在对这些数据资源进行管理时，要用到分布式存储技术。借助这种先进的技术手段，物流开放平台能够把分散在不同地域、不同系统中的存储资源连接起来，提高平台的数据存储及分析能力，并为后续发展过程中的平台数据应用做好准备。

Hadoop 的分布式存储系统（HDFS）在企业中应用较多，这种系统中的节点主要包括两种：NameNode 和 DataNode。用户可利用 HDFSCient、Distributed File System 和 FSData Output Stream 对这两种节点实施管理，并对其文件信息进行处理。

Hadoop 平台的存储架构有三种：DAS、SAN、NAS。从储存角度来看，DAS 与平台本身采用的存储模式是一致的；但从数据复制层面来分析，用 NAS 和 SAN 模式来存储 Hadoop 平台上获取的高质量信息资源及数据处理结果，比 DAS 存储模式更加安全、可靠。

（二）分布式计算技术

物流开放平台要处理不同数据库、不同类型的数据，且数据总体规模庞大。传统的计算模式无法满足平台的信息处理需求，利用分布式计算技术，平台就能够把这些任务交给多台计算机来完成，将闲置的中央处理器充分利用起来，并对最终的处理结果进行汇总。由此可见，分布式计算能够优化稀有资源的利用，协调发挥多台计算机的信息处理能力。

在执行并发任务的过程中，平台需采用以 MapReduce 为代表的主流分布计算方式，利用 Java 虚拟机进行资源共享，利用 Zookeeper 实现协同工作，利用 MapReduce 进行任务调度与安排，利用 HDFS 进行数据交换。

（三）实时流式计算处理技术

因为天气情况、路况信息是不断变化的，所以物流开放平台必须实时对数据进行分析和处理。流式计算处理技术能够用高速数据流的方式，向平台提供具有战略意义的业务信息，据此提高平台对高速数据流的处理能力，同时它还能有效判断不同事件的价值，帮助商家在了解市场变化态势的基础上制定科学、合理的决策，提高运行的安全性。

现阶段，复杂分布式事件计算、数据流捕捉及内容筛选是流式计算流程的主体。

四、大数据应用的方案设计与分析

（一）大数据应用的目的

物流开放平台应用大数据的目的有三个。

1.提高平台的检索能力，加快信息处理

物流开放平台依托大数据可以提高企业的信息检索能力，在更短的时间内进行有效的信息提取。

2.提高决策的合理性

在激烈的市场竞争中体现自身的优势。企业可以在决策制定过程中参考物流需求信息，并在实施过程中用反馈信息对决策的合理性进行检验。

3.实现精细化运营

规范化应用大数据，可以使平台获取所有顾客的消费记录、电商平台及其他网站的浏览记录，进而挖掘客户的消费特征及行为习惯，给商家及物流企业提供有价值的参考，帮助他们制定更加准确、科学的决策。

（二）大数据应用的原则

1.可扩展性

物流开放平台的运营能力将不断提高，能够为用户提供更加优质的服务，从而吸引更多商家和物流企业加入。与此同时，平台需要处理的数据规模也将持续扩大，在这种情况下，应该对平台未来的业务发展趋势进行分析，进行可扩展升级。

2.安全性

在信息安全问题日益严重的今天，平台在进行数据获取与分析的过程中，应该提高数据、计算、存储、传输的安全性，避免商家和消费者的个人隐私被侵犯。

3. 易用性

要使平台运营满足众多商家和物流企业在库存管理、业务发展、路线方案制订等方面的需求，就要降低平台操作的复杂程度，便于商家和物流企业掌握大数据产品的应用方法。

（三）大数据应用的发展阶段

对国内外大数据应用的发展历程进行分析，可以发现其分为三个阶段：第一个应用阶段，平台会涌现海量数据，平台对这些数据进行有效的处理，据此调整其业务运营模式，提高运营效率；第二个应用阶段，注重获取业务相关数据信息，利用恰当的分析模型和科学的预测手段，对数据资源进行深度处理；第三个应用阶段，平台的大数据应用能力逐渐提高，数据资源也更加多样化，能够建立起相对完整的数据生态系统，将数据运营商、数据服务提供终端、数据市场等都纳入其中。

未来，物流开放平台的大数据应用能力将不断提高，平台的大数据业务将容纳更多的外部数据资源。平台在获取、加工、分析这些数据资源的基础上，能够根据商家及客户的需求为其提供有针对性的物流服务，并逐渐降低物流成本，同时也将提升整个社会物流的运转速度。

第二章

大数据时代智慧供应链大数据的技术基础

第一节　供应链大数据概述

一、大数据驱动供应链转型

在大数据时代，通过对供应链上海量数据的收集、甄别，不仅可以勾勒出终端的市场用户关于消费习惯、消费能力的"消费画像"，反映出市场真实的需求变化，也可以使企业了解到具体的业务运作情况，从而判断出哪些业务利润率高、增长速度较快等，并通过实时的数据对业务做出必要的调整，把主要精力放在能够给企业带来高额利润的业务上，从而实现高效的运营。利用大数据分析技术，企业可以挖掘大量内部和外部数据所蕴含的信息，将企业战略从业务驱动转向数据驱动，从供应链管理角度进行智能化决策分析，从而制定更加行之有效的发展战略。在大数据时代，智慧供应链是一个必然发展趋势。

（一）供应链系统

供应链是指围绕核心企业，通过控制信息流、物流、资金流，从采购原材料开始，制成中间产品以及最终产品，最后由销售网络把产品送到消费者手中，将供应商、制造商、分销商、零售商和最终用户连成一个整体的功能网链结构。它不仅是一条连接供应商和用户的物流链、信息链、资金链，还是一条增值链，物料在供应链上因加工、包装、运输等过程而产生新的价值，给相关企业带来收益。

依据系统原理，供应链是一个多环节集成系统。供应链系统是由相互作用、相互依赖的若干部分组成的具有特定功能的有机整体，以给终端客户提供商品、服务或信息为目标，是对从最初的材料供应商一直到最终用户的整条链上的企业的关键业务流程和关系的一种集成。

供应链系统主要特征如下。

1. 供应链系统的整体功能

供应链系统的整体功能是组成供应链的任一成员都不具有的特定功能，是供应链合作伙伴间的功能集成，而不是简单叠加。想要打造一个真正的以全程供应链为核心的市场能力，就必须从最末端的供应控制开始，到最前端的消费者，在整个全程供应链上，不断优化不断建设，然后集成这些外部资源。供应链系统的整体功能集中表现在供应链的综合竞争能力上，这种能力是任何一个单独的供应链成员企业所不具有的。

2. 供应链系统的目的性

在供应链里流动的有物流、信息流、知识流、资金流，如何有效降低库存、加速物流及相关流的周转、提高企业生产及商品流通的效率、迅速对市场机遇进行反应成为迫切需要解决的问题。供应链系统有着明确的目的，即在复杂多变的竞争环境下，以最低的成本、最快的速度、最好的质量为用户提供最满意的产品和服务，通过不断提高用户的满意度来赢得市场，这也是供应链各成员企业的共同目的。

3. 供应链系统主体间的密切关系

供应链系统中主体之间具有竞争、合作、动态等多种性质的供需关系。这种关系是基于有共同利益的合作伙伴实现的，受益的不只是一家企业，而是一个企业群体。供应链管理改变了企业的竞争方式，强调核心企业通过与供应链中的上下游企业之间建立战略伙伴关系，使每个企业都发挥各自的优势，在价值增值链上实现多赢互惠。因此，各成员企业均具有局部利益服从整体利益的系统观念。

4.供应链系统的环境适应性

在经济全球化迅速发展的今天，企业面对的是一个不停变化的买方市场，用户在时间方面的要求也越来越高，用户不但要求企业按时交货，而且要求的交货期越来越短，因而企业必须对不断变化的市场做出快速反应，不断地开发出定制的"个体化产品"去占领市场以赢得竞争。供应链具有灵活快速响应市场的能力，通过各节点企业业务流程的快速组合，加快了对用户需求变化的反应速度，各主体通过聚集而相互作用，以期尽快适应环境。

5.供应链系统的层次性

从系统层次性的角度来理解，相对于传统的基于单个企业的管理模式而言，供应链管理是一种针对更大系统（企业群）的管理模式。运作单元、业务流程、成员企业、供应链系统、整个运作环境构成了不同层次上的主体，每个主体都有自己的目标、经营策略、内部结构和生存动力。供应链各成员企业既是一个独立的系统，也是供应链系统的组成部分；供应链是一个系统，同时也是它所从属的更大系统的组成部分。

（二）大数据驱动的供应链

依据供应链管理理论，供应链环节主要由采购、制造、物流、销售4个部分组成，企业仅仅关注其中的某一个部分是不够的。沃尔玛公司使用大数据分析将由采购到销售的整个供应链连接起来。在销售环节中，销售终端机记录并追踪顾客的消费需求，这一信息通过供应链传递给各方。沃尔玛的零售链平台正是通过这一方式总揽全局，通知各方，连接供给方与销售方的。任何信息都能够同时传递给所有部门，比如说，采购环节出现短缺、物流环节出现滞后、制造环节出现生产停滞等。

在供应链管理中应用大数据分析为企业带来了巨大的竞争优势，大数据驱动企业供应链管理进一步转型升级，朝着智能化方向发展。通过大数据分析，企业可以更加深入地了解消费者的行为与需求，并与之建立更紧密的联系：企业可以进行精准营销，促进消费，提高消费者的忠诚度；按照消费者的购买意愿定价，并随市场变化进行调整；发挥营销投资的最大收益，优化门店和配货中心的选址地点。最重要的是，企业能够平衡需求与库存，避免库存短缺或过剩。

供应链网络中的企业将大数据分析运用到供应链从采购到销售的各个环节。销售方面，营销大数据分析快速发展，以便更好地理解消费者行为；物流方面，物流管理应用大数据分析交通路线与物流节点的优化设计，大幅提高物流运作效率；生产制造方面，越来越多地应用大数据分析优化库存和转运能力，加速智能制造发展；采购方面，利用大数据分析对供应商进行评价管理，降低企业经营成本与经营风险。

大数据背景下，供应链管理决策主要由两个关键部分组成：第一个是供应链网络设计，包括物理结构以及系统内业务环节设计，这些是采购、制造、物流以及销售环节的一部分；第二个是信息技术，信息技术使信息共享、传播和处理能够协调统一，这是大数据分析的核心。信息技术管理是供应链管理的支柱，没有它便无法进行决策并实现沟通。供应链网络设计和信息技术设计共同支撑着整个供应链系统，二者相辅相成，成为整体，并且都需要应用和实施大数据分析。

大数据分析推动了供应链管理的智能化发展，促进了整个供应链绩效的提高。大数据分析给企业带来了前所未有的洞察力。当今经济环境中，要保持企业的竞争优势，必须在整个供应链管理中利用大数据进行分析决策，由此建立智慧供应链。

（三）智慧供应链

供应链管理领域采用了很多新的技术，如物联网、人工智能、机器学习。这些技术使企业的供应链具有了更高的敏捷性和适应性。内外部环境的改变，迫使企业必须走向智慧供应链。应用大数据分析是实现智慧供应链的必经之路。

简单地说，智慧供应链是指利用移动计算、物联网、云计算、人工智能技术、网络与通信技术、安全技术等一系列新兴技术对传统供应链进行的升级。

传统供应链的数据来源于企业内部 ERP 系统，相对封闭和独立，所以会存在数据孤岛、系统之间不连接的问题。供应链的本源其实就是数据的来源（如企业内部订单、交易和库存系统等），能否接受外部信息，这是区别传统供应链和智慧供应链的关键。智慧供应链与传统供应链相比，有以下特点。

1. 智慧供应链技术的渗透性更强

基于智慧供应链，供应链管理和运营者会主动吸收包括物联网、互联网、人工智能等在内的各种现代技术，将新技术融入管理过程。

2. 智慧供应链可视化、移动化特征更加明显

智慧供应链更倾向于使用可视化的手段来表现数据，采用移动化的手段来访问数据。

3. 智慧供应链注重人机系统协调性

在主动吸收物联网、互联网、人工智能等技术的同时，智慧供应链可以更加系统地考虑问题，考虑人机系统的协调性，实现人性化的管理。

二、供应链大数据的概念与构成

供应链大数据正以各种方式影响着商业生态。供应链中产品研发与制造、采购、物流、销售等重要环节的数据量巨大。面对海量的数据，大数据技术能够通过构建数据分析中心，深度挖掘数据背后的信息价值，将大数据作为企业的战略资源，充分发挥大数据在企业战略规划、商业模式创新以及运营管理提升等方面的优势，为企业科学管理和决策提供支持。

（一）供应链大数据的概念

供应链是一个系统，主要由采购、制造、物流、销售4个部分组成。随着世界经济与科技的发展，还产生了供应链金融等配套保障业务。这些业务涉及组织运营的各个方面，传递着客户价值。截至目前，关于供应链大数据，学术界还没有给出统一的概念。结合供应链与大数据的相关研究，本书认为，供应链大数据指的是从采购到销售的所有环节、在所有供应链企业主体中产生的海量、高增长率和多样化的信息数据，这些数据需要新处理模式才能具有更强的决策力、洞察

力和流程优化能力。

（二）供应链大数据的构成

供应链大数据主要由采购大数据、生产制造大数据、物流大数据、销售大数据和供应链金融大数据构成。

1. 采购大数据

采购主要指寻找货源或购货，指从供应商处购买商品和服务的一切活动。尽管营销在处理消费者问题方面发挥着重要作用，但寻找货源才是供应环节的重要一步。

企业需要花费大笔资金进行采购，对这一过程进行合理规划则可以节约资金，这对企业有着重大意义。在大多数制造企业中，采购环节有着公司最大的支出，会占到总成本的 50% ~ 90%。实际上，一辆汽车超过 80% 的成本都源于零配件采购，生产商只负责装配零件。在这一环节应用大数据分析能够实现巨额结余。

大数据分析对于采购环节十分重要。在采购环节，采购大数据能够分析客户的偏好和购买行为，这反过来能够为企业与供应商的谈判提供信息，企业可以利用这些价格及交易方面的信息为自己争取关键产品的特许经营权。利用采购大数据，企业可以优化采购渠道，将供货商整合进数据系统。一些企业还会应用大数据辨别各个供货商的特点，为与供货商进行谈判提供信息。一些公司将大数据应用到自动售货机的数据分析上，并根据成本或风险等标准给出"何种贩售机提供何种产品"的建议。

2. 生产制造大数据

生产制造负责创造产品和服务。在企业运营中，生产制造将企业的投入转化为最终商品。这些投入包括原材料、科技、信息、人力资源（如工人、员工、经理）以及技术设施（如建筑和设备），制造的产出是企业生产的产品和服务，涵盖了各行各业。

企业在这一环节充分应用数据分析以改进生产。许多企业将大数据分析应用在库存管理、优化库存水平、优化维修保养、判断需要更新的设备的位置和时间、生产力评价和企业能力限制的研究等方面。

在生产力与质量方面，生产制造大数据有着广阔的应用空间。企业可以分析每天的生产绩效，其数据可以来自门店销售、库存单位销售以及单位员工销售额。目前，这些系统数据的时效性越来越强，可以实时提醒企业生产力变动或质量下降等问题。企业可以通过统计观察生产数据来查看生产准确率和产品质量。当下，生产制造大数据的使用趋势是频率高、速度快以及颗粒化数据报告，帮助企业及时地对生产做出调整。

人力资源优化是生产制造大数据的又一重要应用。这一技术通过优化劳动力、自动化追踪考察、改善劳动日程，在保持服务水平的同时降低生产成本。举例来说，零售商可以调查收银台的收支情况，如每小时交易额等；电话咨询中心主管可以根据客户投诉、满意度调查来分析服务质量，或者是由公司电话解决的客户问题数。生产制造大数据还能够更好地预测人力需求，并将预测结果与人力资源优化结合起来，这在人力需求高峰期显得尤为重要。

3. 物流大数据

物流是指在供应链中，将产品在规定时间内运送到指定地点的业务。物流使产品在供应链中得以流动和存储，与之相关的决策包括计算库存、协调调配原材料、安排配送路线以及货运。大数据分析在物流这一领域可以优化仓储、补充库存、进行配货中心最优化选址以及使运输成本最小化，许多企业还将大数据分析应用于车辆维修、行车路线日程以及运输中转站选址等事务中。在货运领域，企业通常将其应用到选址优化、库存规模与供货路线方面。由于物流大数据能够将客户分组，企业便可以利用分组来规划运输路线、运输方式以及运送不同产品等。物流大数据应用最多的领域是交通和路线选择。

4. 销售大数据

供应链中的销售环节是指市场营销，它将企业与消费者联系起来，确定消费者需求，促进新兴产品消费以及发现市场机遇。一个企业组织及其供应链要保持竞争力，就必须更好地满足消费者需求，这是销售环节的责任，促使企业将大数据分析应用到获取消费者需求、建立市场微分段、预测消费者行为等方面。

微分段是大数据分析的重要应用。对市场营销来说，市场划分有利于企业更好地理解市场需求，大数据分析近几年在这一领域实现了大规模创新。大数据与越发精细的统计工具结合，使微分段发展迅速。目前，企业能够收集并追踪个体消费者的消费行为数据，将其与传统市场营销工具相结合。随着收集的数据越来越个性化，时效性越来越强，企业根据客户行为的变化及时调整自身策略的能力也越来越强。

销售环节的另一项大数据分析应用是优化定价。定价和营销的日益个性化和数据统计的日益精细化将优化定价能力提升到了一个新高度，不同的信息源能够实施评估和通知定价决策。例如，马里奥特（Marriott）公司利用一个精密的数据统计系统，考虑到从客户种类到天气情况等影响要素，可以对贵宾房进行最优定价，并进行适时调整。

5. 供应链金融大数据

供应链金融是运用供应链管理的理念和方法，为相互关联的企业提供金融服务的活动。主要业务模式是以核心企业的上下游企业为服务对象，以真实的交易为前提，在采购、生产、销售各环节提供金融服务。由于每家企业都有自己的供应链条，因此供应链网络规模巨大。金融企业把自己的服务产品化，并赋予其不同的名称。

供应链金融大数据应用主要是指供应链企业通过云计算、机器学习、物联网、区块链等技术来匹配供应链金融大数据的方法和过程。供应链大数据金融关注大数据工具的选择和运用，强调供应链金融活动主体在互联网扩张过程中掌握和运用云平台、云计算、机器学习、物联网、区块链等手段的技术层级。

三、供应链大数据的价值与作用

供应链管理的要求和复杂程度不断增加，新的形势要求企业充分运用大数据技术、互联网技术、云计算等技术对数据进行收集分析并提取关键信息，体现供应链管理的差异化并推动数据与管理相融合，促进智能化供应链管理的建立，充分发挥大数据应用的核心价值。在海量数据飞速运转的新时期，大数据在供应链管理中的作用不容小觑，优化企业供应链流程、打造更适应市场要求的新型产品，对大数据应用在供应链管理中充分发挥作用、巩固大数据应用在供应链管理中的核心地位有着深远意义。

（一）加快供应链数字化转型并生成智慧供应链

随着云计算、大数据、物联网和人工智能等信息技术的发展，供应链管理也改变了其原有的形态，从链条式逐渐向网状结构变化，开启了实时、智能和互联互通的数字化供应链管理时代。

数字化供应链管理是以企业为中心的应用平台，通过与企业内外部的信息化系统和平台对接，实现数据的实时获取和分享，并最大化利用数据，进行相应的业务处理，实现供应链管理的业财税一体化，以提升企业的绩效，最大限度地降低企业的经营风险。

数字化平台不仅能够将许多日常工作自动化，释放人力、提高效率和减少错误，也能够整合不同来源和地点的信息，向用户提供有关供应网络的综合观点，还能实时地做出恰当的响应。过去，供应链管理人员主要通过管理"4V"［即波动性（Volatility）、数量（Volume）、速度（Velocity）和可见性（Visibility）］来优化目标成果，包括成本、服务、交付和质量。这些传统的指标很难改变，但未来的供应链决策者可以利用数字化技术来完善供应链功能，从而将绩效提升到更高水平。通过供应链管理还能缩短产品上市时间，支持智能制造，实现产品的小规模个性化定制，更快、更好地顺应时代的发展，也能够创造新的收入来源。

（二）提升供应链协同管理能力

供应链协同管理是通过对供应链各节点进行管理，调整供应链结构，共享供应链信息，优化供应链物流，以提高供应链的整体价值和竞争力。大数据环境下的供应链协同管理，将制造商、供应商、分销商、消费者以及整个生产线紧密连接起来，通过大数据、人工智能等手段，提高供应链中资源配置和信息共享的效率。

当前的供应链协同管理是以企业为中心的网络结构，涉及从原材料到最终消费者的所有节点。供应链协同管理的效率取决于产品复杂性、供应商的数量、原材料的可用性、供应链长度以及客户的数量。对大多数制造商而言，其上下游的供应商、分销商以及消费者各自都是一个独立的网络，由制造商连接形成完整的供应链网络。在这种网络结构中，各供应链节点的信息需要依赖供应链逐级传达，而且各节点之间的关系紧密程度不同，重要节点间可能需要更紧密的关系管理，节点企业需要根据自身状况选择最合适的合作伙伴，此时各节点之间的信息共享就更加重要。

供应链大数据分析应用通过集成大数据、云计算、人工智能等技术，实现对供应链中各类资源的调度和管理，比如供应链中原材料的采购、产品配送、人员调度等。数据管理与服务是对海量数据进行分类、共享和可视化，为各类模型的构建和分析提供可靠的数据源，比如需求预测模型、销量预测模型等。同时，利用供应链大数据能有效监视和分析供应链各个节点的生产运作情况，帮助节点企业快速处理运营中的问题。

利用供应链大数据可以解决供应链协同管理存在的地理限制和时间限制问题。供应链企业可以在全球范围内寻找最合适的供应商和合作伙伴，有助于提高供应链的整体质量和市场的竞争活力。供应商、制造商、分销商、渠道商和消费者之间数据的深度共享，有效降低了供应链成本，提高了供应链的响应能力，打通了供应链上下游信息、数据、资源的高效协同，破除了信息孤岛，提高了供应链各节点间的协同能力。

（三）提高企业供应链管理效益

现阶段，供应链管理所涉及的领域越来越多，更加系统化、复杂化，供应链管理在数据信息处理方面表现得更加准确和及时。但是随着企业的壮大，数据的规模越来越大，这就需要更加高效的技术手段来处理。应用供应链大数据可以帮助企业实现对数据信息的高效处理，对供应链管理下所包含的各类数据信息进行整理、分析、预测等，以相对较低的成本提取数据价值，合理地利用数据，提高企业供应链管理的效益。

1. 整合信息，评估市场

随着市场竞争加剧，市场中的各类信息需求呈现出多样化的特征，通过信息整合，对这些信息进行萃取、过滤、分析、优化，减少无效信息的干扰，能够有效、及时地获取最有价值的信息资源，帮助企业评估市场需求，根据市场变化把握商机，从而获得更多有效信息，协调供应链上下游业务关系，优化业务流程。

2. 控制成本，完善决策

通过提取供应链大数据，可以精准分析出企业想要获得的客户群体，针对这些客户群体的属性选择最优营销渠道和营销方式，还可以发掘出数据的隐藏价值，拓展企业的业务机遇，以最低的成本获得最多客户资源，实现从根据经验判断到根据实时数据分析决策的过渡，实现供应链需求同步化、资源可视化以及成本利用最大化。

3. 仿真模拟，拓展业务

大数据分析已经逐渐应用到供应链的各个核心业务环节。产品的设计开发、选择供应商、采购原材料、生产制造、仓储管理、运输销售、售后服务、信息反馈等节点均可利用大数据进行建模和仿真。此举不仅可以帮助企业开发人员在不同的系统配置下进行分析，拓展信息获取、物资调控、客户跟踪等业务活动，还可以提升反应的敏捷度，促使供应链各环节紧密联系，借助大数据提高效率，平衡成本和绩效，进一步拓展企业业务。

4. 优化资源，提升效率

供应链大数据应用于销售、生产、库存、营销、消费者行为等环节，能够优化企业资源配置，提高供应链的协同运作效率，改善供应链上下游关系，并且有助于研究消费者的行为习惯，优化供应链流程，打造个性化市场，实现供应链整体价值和消费预测及精准营销，充分发挥大数据的价值，建设智能型供应链。

对于企业而言，合理利用供应链大数据的优势，充分挖掘数据信息的价值，同时将大数据和供应链管理相结合，实现优势互补，有利于企业在管理方面的精准决策，促进企业的经营管理水平的提升。

第二节　供应链大数据平台

一、供应链大数据平台框架

（一）数据源模块

1.供应链产生的数据特征分析

供应链产生的数据规模快速增长，为情景智能驱动的供应链提供了充足的数据。供应链中的全量数据主要有 50 多种来源（包括结构化、半结构化、非结构化数据），除去熟知的 ERP、CRM 等内部数据源，还有 40 多种外部数据源。从大数据的三个维度（3V 的角度：数据量大 Volume、高速 Velocity 和多性 Variety）进行了统计分析。其中，绝大部分数据都是从企业外部产生的。有长远眼光的制造商已经开始将大数据作为更广泛供应链协作的催化剂。

无论从数据源的广度、数据量的大小还是从非结构化数据的比重，现有 SCM 数据的处理对传统的关系型数据库而言都有很大的挑战。而基于 Hadoop 生态的大数据处理技术为以上所有问题提供了完备的解决方案，使得对大量的、多源异构的供应链数据的存储和计算成为可能，而数据的获得是进行大数据分析的基础。

2.供应链中大数据的五个主要来源

供应链中大数据的五个主要来源是销售点（POS）数据、RFID 数据、供应商数据、制造数据和 GPS 数据。其中，RFID 和 GPS 数据可以帮助企业进行实时库存定位和仓储；销售点（POS）数据是进行需求预测和客户行为分析的主要助力；供应商数据可以帮助制造商监控供应商的表现，并管理风险和产能；制造大数据和遥测有助于识别生产瓶颈和潜在的机器故障。

3.供应链大数据的类型

数据源的特点决定数据采集与数据存储的技术选型，易观智库根据供应链数据源的特点将其分为四大类：结构化数据、非结构化数据、传感器数据和新类型数据。

（1）结构化数据

典型的结构化数据有交易数据和时间段数据。结构化数据由于其形式的限制，虽然对于预测式分析能够起到一定作用，但仍需要加入更多的非结构化数据、传感器数据、新类型数据，才能发挥其应有的作用。

（2）非结构化数据

典型的非结构化数据包括库存数据、客户服务数据、渠道数据和社会化数据。目前，传统信息系统中的数据显示为结构化数据，更多地对历史数据进行分析和预测，预测和分析的结果准确度差。若要满足大数据预测要求，则需要引入更多非结构化库存数据。

（3）传感器数据

典型的传感器数据包括温度数据、QR 码、位置数据和 RFID 数据。目前处于积累阶段，技术成熟度有待提高，未来随着物联网技术的发展将形成新的产业，构建新的物流供应链，从而为供应链金融等带来巨大商机。

（4）新类型数据

典型的新类型数据包括地图数据、声音数据、视频数据和影像数据。目前多用于数据可视化领域。这部分数据使大数据的质量进一步提高，实时性更强，数据分析的精准度更高，但目前这部分数据的应用价值尚未充分发挥出来，有待进一步挖掘。

（二）数据采集加工存储模块

1.数据采集

大数据技术针对网络数据、系统日志以及其他数据，采用了不同的采集方法。

（1）网络数据采集方法

网络数据采集是指通过网络爬虫或网站公开 API 等方式从网站上获取数据信息。该方法可以将非结构化数据从网页中抽取出来，将其存储为统一格式的本地数据文件，并以结构化的方式存储。它支持图片、音频、视频等文件或附件的采集，附件与正文可以自动关联。除了网络中包含的内容，对于网络流量的采集可以使用 DPI（深度包检测）或 DFI（深度流检测）等带宽管理技术。

（2）系统日志采集方法

很多互联网企业都有自己的数据采集工具，多用于系统日志采集，如 Hadoop 的 Chukwa、Cloudera 的 Flume、Facebook 的 Scribe 等，这些工具均采用分布式架构，能满足每秒数百 MB 的日志数据采集和传输需求。

（3）其他数据采集方法

对于保密性要求较高的数据，如企业生产经营数据或科学研究数据等，可以通过与企业或研究机构合作，使用特定系统接口等方式采集。

2. 数据加工存储

采集供应链大数据后，如果只是简单地把这些信息存储起来，未使这些信息产生关联，就会形成信息孤岛，无法产生价值。所以，采集数据后，至关重要的一步就是数据加工，包括数据的整合和打通。数据打通可以保证供应链中信息流的顺畅，使整个供应链透明化。此时，就可以根据交通情况、天气情况、订单的分布情况及产品的生产情况等，实时调整物流，保证高效运行。若供应链中的每一步都可以根据其相关信息实时优化，就可以实现智能协同供应链。而供应链大数据分析主要集中于四个环节：采购（Procurement）、仓储和运营（Warehouse and Operations）、物流（Transportation）、需求链（Demand Chain）。

（1）相似关联

这种加工方式并不难理解，专业的说法是协同过滤，就是要收集大量的用户浏览记录，通过相似行为进行关联推荐。例如，通过大数据给两个同学贴标签，包括"性别、年龄、喜欢的颜色、喜欢的明星、爱买的东西、爱去的地方"等，然后发现 A 和 B 的标签有很多相似之处，这样就可以将 A 喜欢购买的东西推荐给 B。

这种信息加工方式简单，逻辑清晰，可行性强，因而被大多数企业采用，例如，今日头条、天天快报等。但它也存在缺陷，由于获取数据的手段有限，有时候并不能真实反映用户对信息的需求，很容易让用户深陷在自己的"兴趣爱好"当中，难以扩展。

（2）隐式搜索

这一算法模式听起来高端，其实很简单。其核心内容为"搜索"，比如在某个软件中搜索了关键词"科学"，那么该算法就会在大数据中挑选"科学"的相关信息数据主动推送给你，同时获取你的兴趣数据。而所谓的"隐式"其实就是根据关键词"主动"推送。

这一"加工"大数据的方法是建立在搜索引擎普及的基础上的，与"相似关联"类似的是，不同的人搜索相同的信息有不同的目的，而不同的时间、地点搜索同样的信息也有不同的目的，用同样的标准衡量用户行为，容易产生误判。但这种算法相较相似关联仍有一定优势，相似关联只能通过自身的标签做推送，而隐式搜索涉及的范围更大。

（3）社群＋大数据

这一信息加工的手段相对前两个来说更智能，也是目前所有加工算法的发展趋势，它要求所加工的"大数据"能达到"矩阵"的规模，也就是说，它要求数据的规模足够大。目前，能真正做到"社群＋场景"加工算法的只有少数几家互联网巨头。

（三）大数据模型库模块

1. 供应链决策分析模块

综合考虑内部和外部、宏观和微观因素对制造和供应链运作的影响，平衡企业供应链运作对效率、交付水平、弹性、质量、成本及资源统筹等多个维度的管理需求，化繁为简，全方位智能化支持供应链高效决策。另外，制造工厂和供应链运作还需要与客户端营销环节、产品研发环节及周边财务、人力资源等职能部门在数据层面进行更加高效的协同，提升统筹决策能力。由于在数据层面实现了贯通，该模块化的可灵活定制的、增强的大数据解决方案既能满足企业在特定时期、特定职能范畴、特定系统环境下的局部业务需求，又能有机地组合起来，满足企业优化整体决策的需求。

2. 计划统筹模块

深度挖掘产品需求计划、物料供应计划、生产计划、产能计划等多个环节中产生的各类数据，结合产品不同生命周期的供需特点，对影响供需平衡的各层面数据进行全面的分析和建模，以充分发挥供应链计划管理能力。

3. 订单履约大数据模块

对不同业务模式、不同产品线、不同渠道、不同区域、不同客户、不同时期的订单交付情况进行全周期监控和分析，打通涉及前后端多个职能部门的预测、订单、物料供应、生产工单、仓储、运输、交货、付款等多个环节的信息流，全面提升产品交付能力和客户满意度。

4. 库存周转大数据模块

考虑到研、产、供、存、流、销等各环节中影响库存周转指标的因素，对库存周转进行多维动态的分析监控和预警，变"事后"补救为"事前"智能预警、"事中"智能优化，大幅降低呆滞库存相关损失，从全价值链融合的角度统筹库存周转的相关指标和措施，有效改变之前"头痛医头、脚痛医脚"的分段管控带来的弊端，避免库存失控。

5. 采购及供应商管理大数据模块

对采购订单及商务、物料供应及交期管理、物料成本管理、物料质量管理、供应商管理活动中产生的多样数据进行关联分析和多维建模，可视化监控不同类别物料、关键物料、不同供应商、不同区域的供应能力，动态预警关键指标，进行未雨绸缪，提升供应水平及实现供需平衡。

6. 智慧工厂大数据解决方案

对生产各环节、各系统、各类设备中产生的海量数据进行有机整合和建模，轻松实现多工厂可视化、智能化管理，全面优化人力效率、设备运转及稳定性监控、物料损耗监控、质量管理、产能综合利用及成本管控水平。

7. 设备、质量管理模块

对设备在运行过程中产生的各类数据进行有机整合和建模，轻松实现设备稳定性、能耗等关键指标的集约化、可视化、智能化管理，并可结合 MES、PLC 等系统功能帮助企业提升设备稼动率及产出效率，进行物料损耗监控、维修保养管理、质量管理，提升成本管控水平，优化设备采购策略。

8. 仓储及成本大数据模块与物流及运费大数据模块

利用功能强大的大数据操作平台和领先的数据分析建模能力，对制造企业或流通企业在仓储布局、日常收发盘点账务管理、运输线路规划、运输方式优化、内外部运输资源整合、设备监控、时效管理、费用管理、人员管理等方面的数据进行高效整合及价值转化，全面提升物流仓储运作管理水平，优化供应链网络布局。

（四）大数据应用模块

虽然大数据应用成功的案例有很多，但就其效果和深度而言，尚处于初级阶段，未来，根据大数据进行分析预测、指导实践的深层次应用将成为发展重点。

1. 绩效管理

大数据的大量性、高速性、多样性和真实性特点，可以有效解决传统绩效管理中的问题，发挥绩效管理的作用。其对绩效管理的重构作用主要体现在以下三个方面。

（1）基于大数据的战略化绩效管理

基于大数据平台，绩效管理从关注指标向关注战略目标转变。随着数据获取成本的降低，企业可以随时获得多样化的、大量的数据，数据的获取将不再成为问题，及时性也得到了有效的解决，每个部门、每个人的工作可以随时响应外部环境的变化，根据客户需求及时调整和修正自身的行为，因此，绩效指标也需要及时更新，使员工不再担心所定的指标与实际工作脱节的问题，可以全身心地投入自己的工作，更好地完成企业战略目标。

（2）基于大数据的过程化绩效管理

基于大数据平台，绩效管理从关注结果向重视过程转变。数据信息系统将能够随时反映每个员工的工作时间、动作、流程以及成果完成情况，收集生产、销售、人力等各类业务和管理数据在平台上进行汇总，并被随时调取和分析。这就为管理者及时进行过程管理提供了依据，而且绩效的沟通和辅导周期可以从年度、季度和月度缩短到周和天，管理者可以随时关注员工工作的完成情况，及时进行监督和指导，这是对传统的绩效管理制度和管理方式的重构。

（3）基于大数据的精细化绩效管理

基于大数据平台，可以实现对员工个人绩效从粗放管理向精细化管理的转变。

①通过对员工个人工作数据、行为数据等的收集和分析，对员工的工作进行精细化管理，便于员工及时发现工作中存在的问题以及绩效改进和提升的方向，并精确地寻求同事和上级的指导和帮助，提升个人工作绩效。

②通过对员工相关数据的分析，可以对员工的绩效、能力素质等进行精准画像，指出其优势和存在的不足，为员工制定职业生涯发展规划提供依据。

③便于管理者进行精细化的绩效评价，由于大数据平台能够实时反映员工绩效完成情况并实现与其他员工的对比，所以绩效评价的准确度更高，也更容易被员工接受，通过对比，员工可以实现差距，从而进行改进，不断提升。

2.各职能部门综合管理

（1）建立数据规范体系，保证数据源头统一

建立健全涵盖各业务运营数据、基础数据、主题数据的数据管理体系，制定主数据标准。供应链管理规范业务流程是客户需求→企业采购→生产→财务→客户，从每个业务关键环节采集标准的客户、采购、库存、质量、检验、供方、生产等重要信息，所有数据均来源于供应链，增强相关静态数据及动态数据的规范性，保证数出一源，信息采集全面并且及时，克服主观分析的片面性。

（2）数据信息在各职能部门间及时共享和传递

了解信息孤立、数据孤岛对企业管理的危害，可以看看以下案例。一个电线

厂有 3 个顺序生产区。该工厂经常满负荷运转，因此用于修理和维护的时间非常少，但又极其重要。3 个生产区都保持着少量的库存，保证生产线在正常的有限的停机时间内正常运转。而当上游生产区的停机时间超出库存容许时，下游的两个区域主管和维修主管便会叫苦不迭，他们没有收到延误通知。上游的机器操作员在发生故障时是否有第一时间向下游的人发出警告的意识？偶尔有一些人会有，但更多时候，他们没有。上游的每个人都手忙脚乱，试图解决问题，他们没有时间思考下游的问题或者认为不会耽误太久，而且，他们不太确定是否有权提前通知。

在这个案例中，建立通知关系就可以彻底解决问题。一旦信息实现共享，这种类型的通知责任就终止了，至于如何根据得到的信息采取行动，则完全取决于被告知人。但关键在于，他需要得到信息，然后才能做出决定。因此，企业中各职能部门必须实现数据的开放和各自数据信息系统的对接、共享，从而提高工作效率，降低沟通成本，协同推动某一事务的顺利进行。

（3）基于大数据实现各职能部门及上下游间的协同工作

通过物资采购、客户管理等打通企业内部与外部产业链客商之间的数据协同链路，把企业内部以及上下游合作伙伴（即供应商及客户）间的业务看作一个整体，形成集成化供应链管理体系，达到全局动态最优的目标，以适应市场对生产和管理过程提出的高质量、高柔性和低成本的要求，实现战略共赢。

全面获取、传输、管理、集成外部经营环境数据，包括竞争对手数据、行业数据、市场数据、政策法规数据等，通过有效的数据组织管理，实现对集团内部业务数据、外部产业链客商数据、外部经营环境数据等的有效融合，从而构建一个以集团业务数据为核心的服务于集团业务发展的数据资源池，为建立数据驱动的新型合作关系提供依据和支撑。

（4）基于大数据实现各职能部门间相互监督

制定和实施跨部门联动的企业规章制度和业绩考核制度。一方面，加快制定企业规章制度，对供应链企业各职能部门间关系的权力责任做出明确规定；另一方面，在各职能部门进行业绩考核的时候，在关联部门之间实行互相考核打分制度，以此遏制一些职能部门在跨部门治理过程中的故意不作为和搭便车行为，达到推动各职能部门间协同工作的目的。

3.供应链大数据应用定制

结合大数据与云计算、物联网、移动互联网等新一代信息技术应用，形成数据的全面、透彻、及时的智能感知能力，实现数据的精准洞察；将数据作为一种新的生产要素深度融入并驱动供应链企业的战略管理、创新研发、产品实现、运营管控、价值链管理等业务活动过程，实现各业务活动数据共享和自动化巡航；构建以强大模型与算法库为支撑的自主性决策执行模式，业务上形成"数据—信息—知识—智慧"的数据驱动管理模式，提升产品全生命周期、全业务过程、全价值链等环节的综合创新能力，增强对经营环境与市场需求变化的自适应能力，在信息时代高效、优质地满足各类用户个性化、多样化、定制化需求。

（五）大数据共享模块

1.报表定制与个性定制

对海量的数据进行快速分析，并实现报表内容和形式的个性化定制。内容上，对供应链各部门业务进行分析，按照业务需求形成各种报表，便于业务人员掌握、分析和传输数据，利用灵活的数据交互和探索分析能力，发现更多的数据潜在价值，为管理者制定决策提供更全面的数据支撑。形式上，报表形式不仅限于使用普通的表格、折线，而是更加多样化，包括自助式 BI 分析、数据可视化、报表统计、多源数据整合以及数据填报等功能，既能独立部署使用，也能与其他软件进行深度集成和 OEM（原始委托生产）合作。同时，还支持业务人员自己编制、修改、探索、分析各种业务数据与报表。

2.分配管理与权限管理

建立覆盖数据提供、共享、使用、反馈等各个关键节点的全流程数据管理模式，保障数据可以安全又便捷地被供应链各部门成员获取和使用，实现数据的检查、分析及持续追踪和质量整改。一方面，使不同的业务部门可以分享数据，实现数据的开放管理，优化供应链各部门的数据协同机制；另一方面，对涉及商业机密或个人隐私的数据进行权限设置、做脱敏处理，实现数据的安全使用。

（六）大数据客户端模块

良好安全的客户端一方面可以提升用户体验和方便客户进行业务决策；另一方面有利于收集和挖掘客户信息，为企业深度定制响应客户多样化需求和开展个性化服务打下良好基础。

1. 客户端应用软件的分类

客户端应用软件一般分为资金交易类、信息采集类和信息查询类。

（1）资金交易类客户端直接面向用户提供资金交易服务，需要完全满足规范要求。

（2）信息采集类客户端不直接向用户提供资金交易服务，但需要采集个人敏感信息，因此仍然需要满足规范要求，除了数据回退处理以及防篡改、抗抵赖等需求外，其他方面的需求也需要全部满足。

（3）信息查询类客户端仅提供金融产品推介、信息查询、信息推送等服务，因此需要重点满足软件权限以及应用本身开发与设计要求。

2. 客户端的特性

（1）丰富的可视化组件

大数据客户端可提供丰富的可视化组件，让数据隐藏的价值一目了然。

（2）多界面客户端

大数据客户端全面响应供应链管理的快捷化、移动化需求，为高效运营指挥和决策统筹提供助力。

（3）丰富的营销客户端应用引擎配套

大数据客户端实现了跨站、跨渠道、跨平台的用户及商品流通管理及全业务驱动的用户行为挖掘分析及用户画像个性化推荐。

3. 客户端的设计原则

（1）平台交互性原则

需熟悉对应平台的设计规范，包括界面框架结构、对话框等交互方式，便于

设计出符合平台规范需求且友好的产品界面。

（2）业务功能理解原则

需要明白哪些业务功能是产品的核心，对界面功能的优先级展示会有参考，向用户展示这个产品可以先做什么后做什么，方便用户快速理解产品的设计思路。

（3）以用户为中心原则

关注不同行业的需求，需熟悉目标用户在使用产品时的操作习惯和关注点，避免设计规划的原型不符合用户认知，使用户体验降低。

（4）安全性原则

大数据可将互联网中的数据转换成有价值的资源，但大数据在使人们的生活变得愈加方便快捷的同时，也产生了安全和个人隐私泄露问题，人们根本不知道什么时候自己的隐私就会被泄露出去，这给人们的生活带来极大困扰，可以从技术、法规等多个角度解决这个问题，而客户端的设计也应考虑到这些。

安全合规的客户端应用软件，应对 App 个人隐私合规要求要进行明确说明，针对身份认证安全、逻辑安全、安全功能设计、密码算法及密钥管理、数据安全制定明确的测试指标和通过标准。

二、供应链大数据平台的应用与发展

（一）供应链大数据平台的典型应用

1. 京东"京慧物流数据平台"

京东为助力产业数智化发展发布了四大企业级产品，分别是泛零售技术服务平台"零售云"、数字化供应链平台"京慧"、智能客服与营销平台"言犀"和市域治理现代化平台"仓灵"，这些产品将在零售、物流、金融、教育、政务等众多场景中落地。其中，京东"京慧"是京东物流为商家量身打造的统一大数据产品。产品结合了京东物流内外的海量数据，运用大数据计算及分析挖掘方法，为物流客户提供商品分析、物流产品分析、客户分析等多维度数据服务，赋能商家、提升体验。

（1）"京慧"的功能

"京慧"的功能主要体现在商品备货支持、物流全链路监控和异常订单跟踪三个方面。

①商品备货支持。"京慧"支持任意仓库及 SKU（库存量单位）的库存查询，通过库存查询分析，可以掌握每个 SKU 的库存周转天数和出库件数，明细数据的导出可以帮助商家分析当前的库存结构，从而合理备货，提升销量。

②物流全链路监控。京东物流从商家接收订单开始，监控了仓库发货、快递揽收、分拣运输、站点妥投等环节，向商家提供了透明化的运营过程，让商家感受到京东物流的品牌价值。

③异常订单跟踪。"京慧"可以及时告知商家异常订单的详细情况，提醒其进行处理，从而保障消费者的用户体验，并避免货品的损失。

（2）"京慧"的方案优势

"京慧"的方案优势主要体现在全链路数据可视化、大盘数据异常极速定位和多维度全链条诊断分析三个方面。

①全链路数据可视化。基于京东大数据，打通仓储、配送、异常等全链路数据，为商家提供一站式的物流数据服务。

②大盘数据异常极速定位。通过自动集成海量数据和物流数据分析方法，可为快速定位并跟进异常、库存布局、商品备货提供数据运营指导。

③多维度全链条诊断分析。多维度数据纵横对比，结合科学的分析方法，对库存健康、仓储布局以及配送方案等进行深度诊断分析，提供最优实施方案，降低仓配成本。

京东方面表示，京东物流科技已经成为点燃供应链变革的新引擎：以物流为科技最佳应用场景，人工智能、区块链、机器视觉、实时计算、柔性自动化等技术呈现爆发趋势，JDL 京东物流创新与实践并重，领跑行业；打造规模应用的物流机器人军团，通过机器人与自动化、智能快递车、智能快递柜等技术来提高物流作业的效率，其中，自动化分拣效率提高了100%，天狼仓将仓储效率提高了3倍、坪效提高了2.5倍，与同规模国际智能设备的数据分析能力相比，订单生产效率超出8%，改变了商家大促期间被动应战、柔性不足的局面；夯实了物联网、大数据、云计算、区块链等数据底盘技术，帮助物流行业打通链条、实现协同，加速了行业的智能化演进与模式革新，JDL京东物流科技的红利已经惠及数以万计的商家及合作伙伴。"京慧"这一数字化供应链平台型产品，能够为企业提供大数据、网络优化、智能预测、智能补调以及智能执行等一体化服务，帮助企业通过量化决策和精细化运营实现降本增效。

2. 联想"LEAP 大数据平台"

联想集团是世界500强企业，个人计算机市场份额全球第一，联想大数据高级经理张建伟将联想"LEAP 大数据平台"的竞争优势归纳为以下7个方面。

（1）规划和设计的服务

包括联想在内的许多企业，在大数据应用之初对于规划和设计的服务都没有明确的方向，甚至走过不少的弯路，这在很大程度上是对于大数据的目标和愿景缺乏清晰的认识造成的。

在精确分析客户的需求之后，联想意识到许多客户有应用大数据的意愿，但是缺少统一的规划。为此，联想成立了专门的服务团队，以满足客户的需求为目标，从技术、管理、数据、战略等多个角度切入，结合自身和行业伙伴的经验与实践，构建"LEAP 大数据平台"为客户提供规划设计服务。

（2）平台搭建服务

在确定了目标之后，接下来就是平台的搭建。为此，联想结合自身多年来在渠道、行业 ISV 中的良好生态环境，为用户提供完善的平台服务，包括基于业务场景的平台大数据技术的深度优化和服务。

（3）数据质量、数据管理服务

一旦用户引入大数据系统或者将原有的数据重组，数据将会是海量的、多元的、异构的。如何在企业层面，对数据的标准、质量和安全，以及整个数据生命周期进行管理，这成为摆在客户面前的突出问题。

联想"LEAP 大数据平台"的价值就是通过咨询、服务帮助客户构建自身的体系和流程，然后利用相关的工具进行梳理。帮助客户理顺整个数据资产，以便后期更好地掌控和应用。

（4）定制化的服务

相比国外的标准化服务，我国在大数据的应用方面具有"中国特色"。在我国，不同的行业，甚至不同行业的不同环节，不同的纵向生产环节，服务都是不一样的。可以说在应用层面（包括大数据层面），除了底层的计算技术，偏应用层面的技术很多都需要定制化地去开发。张建伟强调："同业相关的竞争对手也好，友商也好，他们其实是很难去提供定制化的服务的。这也是联想从产品向服务转型的过程中自己挖掘和探索的，根据客户的需求探索的定制化服务，是联想'LEAP 大数据平台'的核心竞争力"。

（5）集成开发

无论哪个行业客户，都喜欢"交钥匙工程"，也就是集成方案。这就涉及系统集成，联想不仅有自己的硬件、软件，还有自己的实施团队，所以联想可以给客户提供完整的集成方案，帮助客户达成最终的目标。

（6）统一的运维服务

对很多企业而言（尤其是对传统企业而言），大数据平台运维还是存在一定的风险和技术瓶颈的。一是技术不断迭代，发展速度太快；二是原有的人员学习大数据需要时间、成本，还有一些企业把 IT 作为轻资产，但运维人员很难满足大数据相关的分析及运维的要求。在这些用户痛点上，联想都可以给企业提供服务。

（7）数据变现服务

如今，大数据已经成为企业业务的一部分，企业还需要将现有数据转化为经济价值。由于数据变现如今也处于探索阶段，包括联想在内的企业正在与互联网、汽车行业等进行探索，比如如何整合企业内外部的渠道、通过第三方探索数据变现之路，包括商业模式等多个层面。

基于联想"LEAP 大数据平台"的上述优势，越来越多的客户（包括宝钢集团、武汉石化、长飞光纤、海马汽车等）借助联想"LEAP 大数据平台"实现了数据的挖掘、清洗、整理和再变现，成功拥抱了大数据时代。

3. 百分点科技"媒体数据中台"

北京百分点科技集团股份有限公司打造的"数据供应链"拟建立以大数据管理平台为中心的覆盖社交媒体、移动终端、内容网络等多源异构的用户偏好数据库，通过云服务平台，提供包括大数据应用产品"百分点个性化推荐引擎"、运营决策分析产品"百分点分析引擎"、商品销售预测产品"先知说"、服饰行业应用产品"百分点时尚搭配引擎"、媒体内容推荐引擎产品"推豆儿"等在内的一系列"分析即服务"型产品，消除大数据在企业间的"孤岛效应"，通过其大数据应用通道帮助零售、汽车、金融、保险、电子商务等行业打造企业的"数据供应链"，同时驱动这些行业的业务创新并大幅提升商业价值。

百分点科技媒体数据中台由四部分组成，包括数据资产管理平台、数据智能分析平台、资源发布与展示平台、资源服务共享平台，数据资产管理平台的本质是将数据资产化；数据智能分析平台的本质是将数据智能化；资源发布与展示平台的本质是将数据场景化；资源服务共享平台的本质是将数据服务化。

百分点科技媒体数据中台架构可以划分为数据汇聚、数据预处理、数据入库、数据整理、资产管理、数据服务等模块，该架构将"数据能力下沉、业务应用上浮"，打造"大中台、小前台"的技术布局，形成可持续的媒体数据与服务支撑平台。

（1）数据汇聚

数据汇聚包括数据采集和数据集成。这些资源主要来源于内部数据、第三方数据、互联网定向数据等，包括稿件、报纸、期刊、社交媒体、移动客户端、网站等数据类型。支持数据库、文件、流式等多种接入方式对多源异构数据进行接入，将数据资源汇聚整合。值得注意的是，汇聚过程中需要针对目前业务系统的规划实现汇聚处理，并对数据进行统一的存储规划。

（2）数据预处理

数据预处理主要是对数据进行初步的清洗和标准化等预处理工作。数据入库前的预处理会进行字段解析、映射、转换，并处理字段的残缺、错误问题，以及进行数据去重等工作。清洗之后的数据需要进行标准化处理，将不同格式的数据转换为格式规范。同时，数据入库前一般需要进行自动标引、数据分类等工作：针对文本数据，会进行自动分类、自动摘要、关键词、情感分析等方面的识别和标签提取；针对图片类型数据，会进行图片人物、图片场景、图片属性、新闻事件、地标建筑等方面的识别和标签提取；针对音频数据，会进行语音识别、音频属性、新闻事件等方面的识别和内容提取；针对视频数据，会进行视频人物、视频场景、视频属性、新闻事件、地标建筑等方面的识别和标签提取。

（3）数据入库

数据入库是对解析后的文本、图片、音视频、文件等数据进行分层分区存储。待入库的数据需要保证数据的完整性、规范性和时效性，必须按照平台要求的数据格式统一进行转换后入库。

（4）数据整理

数据整理主要是对入库的数据进行人工标引、数据集成等，通过数据选取、标引、校对等，对数据进行标引和有序的组织、检索和展示。同时，可以根据标签汇聚资源专区，形成服务接口供第三方系统调用，通过人工标引的方式，来提升数据的标签准确度，为一些重要专题制作打下基础。

（5）资产管理

资产管理环节是把接入的数据基于业务现状及未来规划进行数据资产划分，然后进行深层级的加工，实现数据资源的分类管理、元数据管理、资产管理。媒体数据资产主要由内容库、专题库、知识库组成，内容库是基于业务系统构建的，为前台业务提供诸如专题库、语料库、实体库、知识库等业务为导向的数据资产。而专题库是为了应对快速建库需求，通过简单的检索筛选，形成满足业务需求的主题库，降低数据开发成本。

（6）数据服务

数据能力和智能分析能力全部以微服务的形式对外提供，由数据中台保证数据服务的性能和稳定性，以及数据质量和准确性，实现服务的统一管控和综合治理。

（二）供应链大数据平台的发展趋势

1. 大数据驱动供应链数字化转型加速

数字化供应链是经济社会发展到一定阶段的必然产物，是未来供应链创新的基本方向。谁能够在数字化供应链领域领先发展，谁就能在全球供应链中领先，甚至在全球经济中领先。有效的数字化供应链能够推动企业收入增长、采购成本下降以及供应链成本大幅降低。

数字化供应链通过各类新技术全面连接供应链上下游、企业内外部的不同参与者，实现信息与数据的实时共享，打造透明、可视、智慧的供应链。未来，全球供应链将呈现"客户需求、全球配置资源、大规模网络化共享、平台化协同"的分工合作态势。

2. 供应链大数据平台开放、融合，产业边界外延

供应链系统完善的核心企业向供应商开放供应链；企业间供应链融合，多样化产品的销售链融合在一个平台；供应链大数据的市场边界从标准化的数据产品逐渐拓展到基于数据的增值服务。

3. 供应链平台生态圈出现，中小企业协同发展

以供应链为平台形成的商业生态成为新型的商业模式：依附于供应链的中小企业协同发展，拥有供应链资源的企业将更加注重资源平台的建设。

供应链向平台化整合已经是大势所趋，由平台模式搭建的生态圈，不再是单向流动，而是能促使多方共赢的商业生态系统。供应链平台生态圈是以生态为基础的新型商业模式，具有长远的战略价值。平台企业是价值的整合者，也是多变群体的连接者，更是生态圈的主导者，其终极目标就是打造具有成长活力和盈利潜能的生态圈。未来企业的供应链管理必须更加积极地融入生态圈建设，以推动企业及整个生态圈的共同发展。

第三节　供应链大数据分析方法

一、数据预处理方法

（一）数据预处理的目的

由于数据服务涉及面广，外围环境变化快，采集到的每条信息既可能是有效数据，也可能是冗余的、错误的，甚至是无效的垃圾数据，部分数据时效性短或是一次性数据，因此对于采集的数据必须进行预先处理，使进入数据库的数据成为优化后的半成品。构建时宜采用模块化结构，以在时间和空间发生变化时，利用各模块适用性来延长功能寿命期，但其代价是增加存储容量、运算能力和设计复杂性。数据处理技术有以下几种。

（1）数据结构及数据字典、词条库的模块化。开发及维护均应适应静态结构、动态结构和开源结构。

（2）制定多标准数据采集接口，结合客户需求，将预处理模块嵌入相关宿主机，减小传输流量。

（3）重点构建数据智能化过滤机制，采用自适应、自学习技术提高数据的相关性，动态设置条件去重阈值，增加加工流水过程探视窗，减少人工干预，达到智能判别筛选。

（4）过滤后的原始数据，按客户需求进行预加工，形成符合统计要求的有效数据，供核心高级分析系统进行深加工，以减轻巨量数据传输和高级分析系统的负荷。同时与历史数据关联映射，形成多维度数据，扩大数据使用价值。

（5）质量管理与控制处理：针对数据加工中的数据异常、高频预警、探针触发、统计偏离等可能影响数据质量的事件，自动产生质量偏差与统计事件日志，以便组织人工分析讨论，编制有效解决方案，提高数据产品质量。

（6）数据安全生产控制：数据的特殊性要求在数据生产过程中必须考虑到严

格的安全与保密问题，必须符合法律法规与隐私要求，因此安全管理是系统不可或缺的一个环节，除了要进行严格的权限分级，还应利用分布存储、异地镜像、区块迁移、接口规范、接口止逆等技术来提高数据安全性。

（7）分区节拍协同：系统运行规模扩大后，数据跨区域采集和加工成为必然，各区域需求不同，数据的加工条件也在变化，通过节拍协调，可同步和优化整个数据仓库的数据丰富程度和一致性。

（8）顾客反馈调控技术：能够根据使用效果调整数据加工条件参数，提高数据质量。

（二）数据预处理流程

数据预处理过程会占用很多时间，虽然麻烦但是必不可少。在数据能用于计算的前提下，人们希望数据预处理过程能够提升分析结果的准确性、缩短计算过程。本书只说明这些预处理方法的用途及实施的过程，并不涉及编程，预处理可以利用各种编程语言来实现。

数据预处理方法可以大致分为数据清洗、数据集成、数据转换和数据归约四类。

1. 数据清洗

出于各种原因，实际收集的数据无法直接用于价值分析。这些不确定的数据会严重影响大数据分析的准确性，并且在关键情况下会使分析结果失去意义，因而需要对其进行预处理。数据清洗主要处理不合规的数据，如重复数据项、噪声数据项和丢失的数据项。数据重复会导致数据挖掘模型发生变化，应予以消除，检测重复数据的方法包括使用基于排序／合并原理的基本邻接排序算法。在实际的生产和生活中，不可避免地会出现数据缺失问题。这是在现实世界中生成的数据集的特征，只有某些算法才能弥补。

数据清洗主要是对数据数值上的各种异常情况进行处理，数据清洗的常见方法有缺失值处理、离群和噪声值处理、异常范围及类型值处理。

（1）缺失值处理

缺失值使数据记录丢失了部分信息，一些鲁棒性不佳的模型也会因为缺失值而无法计算。缺失值的处理，一般有以下两种方法。

①丢弃。可以只丢弃缺失项处的值，也可以丢弃包含缺失项的整条数据，这需要看该条数据记录上其他的数据是否有价值，尤其是在数据样本较少的情况下，需要权衡一番。

②估计。不想丢弃缺失值时，可以对缺失值进行估计。估计的方法有多种，最直接的是让有经验的人员手工填写，其他的常见方法如下。

一是替代。用缺失值所处属性上全部值的平均值（也可以加权）、某个分位值代替。对于时间序列，则可以用相邻数据当前值（或平均值）替代。

二是填充。可以用与缺失值记录"相似"记录上的值来填充，不过这里需要先定义"相似"，这可能会是一个棘手的问题，可以用 K 近邻、聚类等方法估计缺失值。对于时间序列，则可以用插值的方法，包括线性和非线性插值。

三是基于统计模型的估计。基于非缺失的值构建统计模型，并对模型参数进行估计，然后预测缺失处的值。

（2）离群点和噪声值处理

实际上噪声涵盖的范围比较广泛，对计算过程无用或造成干扰的都可以称为噪声，缺失值、异常范围及类型值均属于噪声的范畴，之所以在这里和离群点放在一起讨论，是想介绍噪声和离群点间的关系。

离群点是指与数据总体特征差别较大的点。离群点是否属于噪声需要在实际的应用场景中判断，如果建立系统总体的模型，那么离群点就可以视为噪声，它对模型的创建毫无用处，甚至会影响模型的准确性。而在一些模式识别领域，就要考虑离群点是对模式创建有用的点，因为模式总是针对少量样本的。

在关于离群点的说明中，本书认为应该有一个"离群点数据量"的问题，个别与数据总体特征差别较大的点可以称为离群点，但如果有许多与数据总体特征差别较大的点，那就要考虑这些点能不能被称为离群点了。

相比处理离群点，识别离群点更为重要。识别离群点的方法有很多，比如基于统计学的方法、基于距离的检测、基于密度的监测（如 DBSCAN 聚类算法）等，本书不讨论这方面的内容。

（3）异常范围及类型值处理

异常范围是指记录数据超过了当前场景下属性可取值的范围，比如记录一个人的身高为 300cm 或者月收入为负值，这显然是不合理的。异常类型值是指属性取值类型记录错误，比如记录一个人的身高为"超重"。

对于以上两种情况，如果数据记录异常是有规律的，比如身高记录下的数据依次为"312，365，373，…"那么可能原记录是"112，165，173，…"如果异常值是随机的，那么可以将这些异常值当作缺失值处理。

2. 数据集成

数据集成主要是增大样本数据量，其中较为典型的方式为数据拼接。

数据拼接在数据库操作中较为常见，它将多个数据集合为一个数据集。数据拼接的依据是不同数据集具有相同的属性（如关键字或其他的特征），不同类型数据库下拼接的原则可能不同，如关系型数据库、半关系型数据库和非关系型数据库。

3. 数据转换

数据转换的目的是将数据转换为特定挖掘所需的格式。通常需要将其与实际数据挖掘算法结合起来以执行特定的数据转换。它可以分为简单功能转换和统一标准转换。数据转换的重点是将难以表达和计算的原始不规则数据转换为规范的可分析数据，从而消除由于收集和存储数据而造成的缺陷。尝试消除数据转换的基础是简单的功能转换，它采用特定的数学排列方式，并采用曲线拟合方法。也可以使用不同的复杂算法，如 Z 分数归一化算法，从而使数据转换更加准确和科学。此外，在使用数据之前，需要合并配置有不同数据源的数据集来删除冗余数据，将两个或多个数据集合并到同一数据集中。还可以使用处理不正确的空位值的清洗技术，使所获取的数据集更加科学和准确。

数据转换的方法众多，作用也不同。数据转换的目的主要是改变数据的特征，使计算更加简便，并可以获取新的信息。常见的数据转换有离散化、二元化、规范化（有的地方也称为标准化）、特征转换与创建、函数变换等。

（1）离散化

当人们不太关心值的小范围变化或者想要将连续属性当成离散属性处理时，可以使用离散化方法，这可以简化计算，提高模型准确率。

一般来说，离散化是将排序数据划分为多个区间，例如，将 [0，10] 离散为 [0，2][2，4]（4，6）（6，8）[8，10]，这样可以将一个连续取值的属性转换为离散取值的属性来处理。

还可以将一个取值比较"密"的离散属性进一步离散化，例如，一个离散属性的取值集合为 {0，1，2，3，4，5，6，7，8，9，10}，可以将该取值集合离散化为 {0，1，2}{3，4，5}{6，7，8}{9，10}。

在实际应用时，对于标量型取值，可以将每个离散区间用一个新的值来表示，可以采用取中位值或求平均等方法；而对于标称型取值，可以重新定义一组标称取值表示，如 { 极差，差，较差 }{ 一般 }{ 较好，好，极好 }，可以重新定义成 { 上 }{ 中 }{ 下 }，也可以选取其中一个值来代替整体，如 { 差 }{ 一般 }{ 好 }。

离散化需要考虑两点，一是如何确定离散区间（集合）的个数；二是如何将取值映射到离散化后的区间（集合）中。

针对第一个问题，可以采用非监督和监督的离散化方法来确定离散区间的个数，一旦离散集合划分完毕，直接将数据映射到其分类值上即可。监督和非监督的区别在于区间划分过程是否利用样本类别信息，一般来说，利用类别信息能达到更好的区间划分结果，但计算量也会大一些。

（2）二元化

有一些算法中要求数据有二元属性（如关联模式算法），即取值只能为 0 或 1（当然其他类型的二元取值形式也可以，如 Yes 和 No，只是需要转化为 0 和 1）。

二元化是用多个二元属性来表示一个多元属性。假设属性取值有 m 个，则将整数区间 [0，m−1] 中的每个值赋予该属性的唯一值，如果该属性的取值是有序的，则必须按顺序赋值，然后将这个值用二进制表示，共需要 $[\log_2 m]$（结果向上取整）个二进制位。

当一个属性取值数量较多时，这种做法会引入大量的属性值，此时可以在二元化之前先离散化处理，减少属性取值。

（3）规范化

数据规范化是调整属性取值的一些特征，如取值范围、均值或方差统计量等，这在一些算法中很重要。常见的规范化方法有最小最大规范化、Z-score规范化、小数定标规范化。

（4）特征转换与创建

对于一些时间序列，可以通过傅里叶变换、小波变换、EMD分解等得到数据的频域或其他类型特征，这能帮助人们从另一个角度分析问题，如 EMD 分解在经济学上就有较多的应用。采用这一类方法时，一个比较重要的问题是如何解释在频域或时域上得到的新特征。

假如属性集中包含"质量"和"体积"这两种属性，那么可以利用"密度 = 质量 / 体积"的方法得到密度属性，这样就创建了一个新的属性。当然，是否需要这么做完全取决于目的。

（5）函数变换

函数变换是一个比较宽泛的说法，上面的规范化过程也是一种函数变换过程。可以依据需求，选择函数来处理数据，例如，当属性取值比较大时，可以用 log 函数来处理。

4. 数据归约

数据归约的目的是减少数据量，降低数据的维度，删除冗余信息，提升分析准确性，减少计算量。数据归约包含的方法有数据聚集、数据选择与抽样、维归约。

（1）数据聚集

数据聚集是将多个数据对象合并成一个数据对象，目的是减少数据及计算量，同时也可以得到更加稳定的特征。聚集时需要考虑的问题是如何合并所有数据记录上每个属性的值，可以采用对所有记录每个属性上的值求和、求平均（也可以加权）的方法，也可以依据应用场景采用特定的方法。例如，一家全球零售商，如果统计一天之中全球范围内的销售数据，数据量会比较大且不是很必要，此时可以对一个店内一天的销售数据进行聚集，得到一条或有限条销售数据，然后汇总。

进行数据聚集时可能会丢失数据细节，也许这些细节正是你所关注的，这点需要特别注意。

（2）数据选择与抽样

数据选择分为简单随机样本选择和分层样本选择。这是数学中的典型统计问题。其中，简单随机样本选择不包括替换样本选择。简单随机样本选择算法易于实现，可以结合排列和概率知识以及简单的编程方法来操作。通过分层样本选择获得的数据子集适用于数据挖掘。

在数据预处理中的抽样实际上就是重抽样，目的是获取数据样本中的一部分用于计算，减少计算量。重抽样的方法与一般抽样相同。

（3）维归约

维归约是为了减少属性的个数，由质量和体积可以得到密度便是一种维归约方式。当属性为标称类型时，没有"密度、质量、体积"这种数值上的联系，但是可能存在其他类型的联系来进行维归约，如将"机械学科、自动化学科、材料学科"统一归为"工程学"。

二、数据挖掘方法

（一）聚类分析方法

1.聚类分析概述

聚类分析是根据在数据中发现的描述对象及其关系的信息，将数据对象分组，组内对象之间是相似的（相关的），而不同组中的对象是不同的（不相关的）。组内相似度越高，组间差距越大，说明聚类效果越好。也就是说，聚类的目标是得到较高的组内相似度和较低的组间相似度，使组间的距离尽可能大，组内样本与组中心的距离尽可能小。

2.聚类分析的要求

不同的聚类算法有不同的应用，有的适用于大数据集，可以发现任意形状的聚簇；有的算法思想简单，适用于小数据集。数据挖掘中针对聚类的典型要求如下。

（1）可伸缩性

当数据量从几百上升到几百万时，仍能保持聚类结果的准确性。

（2）处理不同类型属性的能力

许多算法针对的是数值类型的数据。但是，实际应用场景中，会遇到二元类型数据、分类 / 标称类型数据、序数型数据。

（3）发现任意形状的类簇

许多聚类算法基于距离（欧式距离或曼哈顿距离）来量化对象之间的相似度。基于这种方式，人们往往只能发现相似尺寸和密度的球状类簇或凸型类簇。但是，实际应用中类簇的形状可能是任意的。

（4）初始化参数的需求最小化

很多算法需要用户提供一定个数的初始参数，如期望的类簇个数、类簇初始中心点的设定。聚类的结果对这些参数十分敏感，调整参数需要大量的人力，也会影响聚类结果的准确性。

（5）处理噪声数据的能力

噪声数据通常可以理解为影响聚类结果的干扰数据，包含孤立点、错误数据等，一些算法对这些噪声数据非常敏感，会导致低质量的聚类。

（6）增量聚类和对输入次序的不敏感

一些算法不能将新加入的数据快速插入到已有的聚类结果中，还有一些算法针对不同次序的数据输入，产生的聚类结果差异很大。

（7）高维性

有些算法只能处理 2 维或 3 维的低维度数据，而高维空间中的数据分布十分稀疏，很难处理。

（8）可解释性和可用性

人们希望得到的聚类结果都能用特定的语言、知识进行解释，且结果可以和实际的应用场景相联系。

3. 聚类算法的分类

聚类算法有很多种，但一般会根据聚类的效果制定分类标准。

（1）基于划分的聚类算法

基于划分的聚类算法较为简单、常用，它通过将对象划分为互斥的簇进行聚类，每个对象属于且仅属于一个簇；划分结果旨在使簇之间的相似性低，簇内部的相似度高；基于划分的常用算法有 k 均值、k-medoids、k-prototype 等。

其中，k 均值聚类是基于划分的聚类算法，通过计算样本点与类簇质心（即每个类簇的聚类中心）的距离，将与类簇质心相近的样本点划分为同一类。k 均值算法通过样本间的距离来衡量它们的相似度，两个样本距离越远，相似度越低，否则相似度越高。

（2）基于层次的聚类算法

基于层次的聚类算法的应用广度仅次于基于划分的聚类，其核心思想是按照层次把数据划分到不同层的簇，从而形成一个树形的聚类结构。层次聚类算法可以揭示数据的分层结构，在树形结构上的不同层次进行划分，可以得到不同粒度的聚类结果。按照层次聚类的方式分为自底向上的聚合聚类和自顶向下的分裂聚类。聚合聚类以 AGNES、BIRCH、ROCK 等算法为代表，分裂聚类以 DIANA 算法为代表。

（3）基于密度的聚类算法

基于划分的聚类算法和基于层次的聚类算法在聚类过程中根据距离来划分类簇，因此只能用于挖掘球状簇。但往往现实中还会有其他形状，这时以上两大类算法就不适用了。

为了解决这一问题，可以采用基于密度的聚类算法，其利用密度思想，将样本中的高密度区域（即样本点分布稠密的区域）划分为簇，将簇看作样本空间中被稀疏区域（噪声）分隔开的稠密区域。

这一算法主要是过滤样本空间中的稀疏区域，获取稠密区域作为簇。基于密度的聚类算法是根据密度而不是距离来计算样本相似度，所以基于密度的聚类算法能够用于挖掘任意形状的簇，并且能够有效过滤掉噪声样本对聚类结果的影响。

常见的基于密度的聚类算法有 DBSCAN、OPTICS 和 DENCLUE 等。其中，OPTICS 对 DBSCAN 算法进行了改进，降低了对输入参数的敏感程度。DENCLUE 算法综合了基于划分、基于层次的聚类算法。

DBSCAN 算法是一种基于密度的空间聚类算法。该算法将具有足够密度的区域划分为簇，并在具有噪声的空间数据库中发现任意形状的簇，它将簇定义为密度相连的点的最大集合。

（4）基于网格的聚类算法

基于划分和基于层次的聚类算法都无法发现非凸面形状的簇，真正能发现任意形状簇的算法是基于密度的聚类算法，但基于密度的聚类算法一般时间复杂度较高。

基于网格的聚类算法通常将数据空间划分成有限个单元（Cell）的网格结构，所有的处理都是以单个的单元为对象。这样处理速度很快，因为这与数据点的个数无关，而只与单元个数有关。代表算法有 STING、CLIQUE、WaveCluster。

STING：基于网格多分辨率，将空间划分为方形单元，对应不同分辨率。

CLIQUE：结合网格和密度聚类的思想，采用子空间聚类处理大规模高维度数据。

WaveCluster：在聚类分析中引入了小波变换的原理，用小波分析使簇的边界变得更加清晰。这些算法用不同的网格划分方法，将数据空间划分成有限个单元的网格结构，并对网格数据结构进行了不同的处理，但核心步骤是相同的，具体如下。

①划分网格。

②使用网格单元内数据的统计信息对数据进行压缩表达。

③基于这些统计信息判断高密度网格单元。

④最后将相连的高密度网格单元识别为簇。

（5）基于模型的聚类算法

基于模型的聚类算法主要是指基于概率模型的算法和基于神经网络模型的算法，以基于概率模型的算法居多。这里的概率模型主要指概率生成模型（Generative Model），同一"类"的数据属于同一种概率分布。这种方法的优点就是对"类"的划分不那么"生硬"，而是以概率形式表现，每一类的特征也可以用参数来表达；但缺点就是执行效率不高，特别是在分布数量很多但数据量很少的时候。

基于概率模型的聚类技术已被广泛使用，并且已经在许多应用中显示出有希望的结果，比如图像分割、手写识别、文档聚类、主题建模和信息检索。基于模型的聚类算法尝试使用概率方法优化观察数据与某些数学模型之间的拟合。其中，最典型也最常用的方法就是高斯混合模型（Gaussian Mixture Model，GMM）。

可以说，k-means 只考虑更新质心的均值，而 GMM 则考虑更新数据的均值和方差。

高斯混合模型假设存在一定数量的高斯分布，并且每个分布代表一个簇。高斯混合模型倾向于将属于同一分布的数据点放在一起。它是一种概率模型，采用软聚类方法将数据点归入不同的簇中，或者说，高斯混合模型使用软分类技术将数据点分配至对应的高斯分布（正态分布）中。

（二）关联规则（Association Rules）分析方法

1. 关联规则的定义和属性

考查一些涉及许多物品的事务：事务 1 中出现了物品甲，事务 2 中出现了物品乙，事务 3 中则同时出现了物品甲和乙。那么，物品甲和乙在事务中的出现是否有规律可循？在数据库的知识发现中，关联规则就是用于描述物品之间同时出现的规律的。更确切地说，关联规则通过量化的数字描述物品甲的出现对物品乙的出现有多大的影响。

现实中，这样的例子很多。例如，超级市场利用前端收款机收集存储了大量的售货数据，这些数据是一条条的购买事务记录，每条记录都存储了事务处理时间、顾客购买的物品、物品的数量及金额等。这些数据中常常隐含形式如下的关联规则：在购买铁锤的顾客当中，有70%的人同时购买了铁钉。这些关联规则很有价值，商场管理人员可以根据这些关联规则更好地规划商品的摆放位置，如把铁锤和铁钉这样的商品摆放在一起，能够促进销售。

有些数据不像售货数据那样很容易就能看出一个事务是许多物品的集合，但稍微转换一下思考角度，仍然可以像售货数据一样处理。

2. 关联规则的挖掘

在关联规则的四个属性中，支持度和可信度能够比较直接地形容关联规则的性质。从关联规则定义可以看出，任意给出事务中的两个物品集，它们之间都存在关联规则，只不过属性值有所不同。如果不考虑关联规则的支持度和可信度，那么在事务数据库中可以发现无穷多的关联规则。事实上，人们一般只对满足一定的支持度和可信度的关联规则感兴趣。因此，为了发现有意义的关联规则，需要给定两个阈值：最小支持度和最小可信度，前者规定了关联规则必须满足的最小支持度；后者规定了关联规则必须满足的最小可信度。一般称满足一定要求（如较大的支持度和可信度）的规则为强规则（Strong Rules）。

3. 关联规则挖掘的过程

关联规则挖掘过程主要分为两个阶段：第一阶段是先从资料集合中找出所有的高频项目组（Frequent Itemsets）；第二阶段是由这些高频项目组产生关联规则（Association Rules）。

在第一阶段，高频是指某一项目组出现的频率相对于所有记录而言，必须达到某一水平。一项目组出现的频率称为支持度（Support），以一个包含A与B两个项目的2-itemset为例，可以计算包含{A，B}项目组的支持度，若支持度大于或等于所设定的最小支持度（Minimum Support）门槛值，则{A，B}称为高频项目组。一个满足最小支持度的k-itemset，称为高频k-项目组（Frequent k Itemset），一般表示为 Large k 或 Frequent k。算法从 Large k 的项目组中再产生 Large k+1，直到无法再找到更长的高频项目组为止。

在第二阶段，从高频项目组产生关联规则，是利用前一步骤的高频 k- 项目组来产生规则，在最小信赖度（Minimum Confidence）的条件门槛下，若一规则所求得的信赖度满足最小信赖度，称此规则为关联规则。

关联规则挖掘通常适用于记录中的指标取离散值的情况。如果原始数据库中的指标值是取连续的数据，则在关联规则挖掘之前应该进行适当的数据离散化（实际上就是将某个区间的值对应于某个值），数据的离散化是数据挖掘前的重要环节，离散化的过程是否合理将直接影响关联规则的挖掘结果。

4. 关联规则的分类

按照不同情况，关联规则可以分为以下几类。

（1）基于规则中处理的变量的类别

关联规则可以分为布尔型关联规则和数值型关联规则。布尔型关联规则处理的值都是离散的、种类化的，它显示了这些变量之间的关系；而数值型关联规则可以和多维关联或多层关联规则结合起来，对数值型字段进行处理，将其进行动态分割，或者直接对原始的数据进行处理，数值型关联规则中也可以包含种类变量。例如，性别 ="女"→职业 ="秘书"，是布尔型关联规则；性别 ="女"→ avg(收入)=2300，涉及的收入是数值型，所以是一个数值型关联规则。

（2）基于规则中数据的抽象层次

基于规则中数据的抽象层次可以分为单层关联规则和多层关联规则。在单层关联规则中，所有的变量都没有考虑到现实的数据是具有多个不同层次的；而在多层关联规则中，对数据的多层性已经进行了充分考虑。例如：联想台式机→HP 打印机，是一个细节数据上的单层关联规则；台式机→ HP 打印机，是一个较高层次和细节层次之间的多层关联规则。

（3）基于规则中涉及的数据维数

关联规则可以分为单维关联规则和多维关联规则。在单维关联规则中，只涉及数据的一个维，如用户购买的物品；而在多维关联规则中，要处理的数据涉及多个维。换句话说，单维关联规则是处理单个属性中的一些关系；多维关联规则是处理多个属性之间的某些关系。例如：啤酒→尿布，这条规则只涉及用户购买的物品；性别＝"女"→职业＝"秘书"，这条规则就涉及两个字段的信息，是两个维上的一条关联规则。

5.关联规则在供应链上的应用——智能仓储优化

电商仓库中存储的货物种类繁多且数量庞大，然而相互之间存在关联性的货物却不多，故提出关联货物存储区的策略，只将关联性很高的少部分货物存放至该区域，在该区域内建立模型进行货位布局。货物关联性反映的是两种货物或多种货物之间的相关程度，而 COI 指数则是某种货物的周转率与体积之比，是货物本身特有的"属性"，二者无法统一度量。此外，关联程度高的货物可能 COI 指数很低，故未采用将多目标转化为单目标的解法，而是采用两阶段优化求解。货品关联性分析旨在通过分析历史已处理的订单数据，根据货品间的关联性结果确定储位布局，货架布局方案则通过建模求解。

（三）决策树分析方法

决策树（Decision Tree）是一种分类与回归方法，主要用于分类。决策树模型呈现树形结构，是基于输入特征对实例进行分类的模型。本书认为决策树其实是定义在特征空间与类空间上的条件概率分布。

决策树算法可以分为特征的选取、决策树的生成、决策树的修剪三步。

1.决策树模型

分类决策树模型是一种对实例进行分类的树形结构，其由节点（Node）和有向边组成，而节点也分成内部节点和叶节点两种，内部节点表示一个特征和一个属性，叶节点表示具体的一个分类。

用决策树进行分类，从根节点开始，对实例的某一个特征进行测试，根据测试结果将实例分配到对应的子节点中去，每个子节点对应一个特征的取值，递归地进行分类测试和分配，最终到达对应的叶节点，完成本次分类。这个过程就像大学新生入学军训时的分队，根据身高、体重将学生分配到正步排或是刺杀操排，一旦进入了其中的某一个排就会根据正步的质量决定具体班，直到找到合适的位置，对决策树来说就是找到了合适的"类"（Classification）。

2. 决策树的性质

决策树对应着 if-then 规则，其性质为决策树是互斥且完备的，具体来说就是每一个实例都被一条路径或一条规则所覆盖，而且只能被一条路径和一条规则所覆盖。

3. 决策树与条件概率分布

很多读者知道决策树与分类，但不理解决策树和条件概率分布的关系。其实从宏观上来讲，机器学习本来就包括生成模型和判别模型两种，生成模型是根据训练数据学习模型生成的本质规律，而判别模型就是大家熟知的判别函数。

决策树可以表示给定特征条件下类的条件概率分布，这一条件概率分布定义了特征空间的一个划分，将特征空间划分成了互不相交的单元，并在每一个单元定义一个类的概率分布，这就构成了一个条件概率分布。决策树的一条路径对应于一个单元，决策树所表示的条件概率分布由各个单元给定条件下类的条件概率分布组成。

4. 决策树的学习本质

（1）构建决策树

在决策树方法中，有两个基本的步骤，一个是构建决策树，另一个是将决策树应用于数据库。大多数研究都集中在如何有效地构建决策树，而应用则相对比较简单。构建决策树算法比较多，在 Clementine 中提供了 4 种算法，包括 C&RT、CHAID、QUEST 和 C5.0。采用其中的任意一种算法，输入训练数据集，就可以构造出一棵决策树。

（2）修剪决策树

利用决策树算法构建一棵初始的树之后，为了有效分类，还要对其进行剪枝。这是由于数据表示不当、有噪声等会使生成的决策树过大或过拟合（Overfitting）。为了简化决策树，寻找一棵最优的决策树，剪枝是一个必不可少的步骤。

通常，决策树越小，就越容易理解，其存储与传输的代价也就越小，但决策树过小会导致错误率较大。反之，决策树越复杂，节点越多，每个节点包含的训练样本个数越少，则支持每个节点样本数量也越少，可能导致决策树在测试集上的分类错误率越大。因此，剪枝的基本原则就是在保证一定的决策精度的前提下，使树的叶子节点最少、叶子节点的深度最小。要在树的大小和正确率之间寻找平衡点。

（3）生成原则

在生成一棵最优的决策树之后，就可以根据这棵决策树来生成一系列规则。这些规则采用"If…Then…"的形式。从根节点到叶子节点的每一条路径，都可以生成一条规则。这条路径上的分裂属性和分裂谓词形成规则的前件（If 部分），叶子节点的类标号形成规则的后件（Then 部分）。

（4）决策树分类

比较常用的决策树算法有 ID3 算法、C4.5 算法和 CART（Classification and Regression Tree）算法，CART 算法的分类效果一般优于其他决策树。

（四）回归分析方法

回归分析是一种预测性的建模技术，它研究的是因变量（目标）和自变量（预测器）之间的关系。这种技术通常用于预测分析、时间序列模型以及发现变量之间的因果关系。例如，研究司机的危险驾驶与道路交通事故数量之间的关系，最好的方法就是回归。

回归分析是建模和分析数据的重要工具。在这里，使用曲线或直线来拟合这些数据点，在这种方式下，从曲线或直线到数据点的距离差异最小。在接下来的部分详细解释这一点。

1. 回归分析的作用

回归分析估计了两个或多个变量之间的关系。例如，在当前的经济条件下，要估计一家公司的销售额增长情况。现在，有公司最新的数据，这些数据显示出销售额增长大约是经济增长的 2.5 倍。那么使用回归分析，就可以根据当前和过去的信息来预测未来公司的销售情况。

回归分析也允许人们比较那些衡量不同尺度的变量的相互影响，如价格变动与促销活动数量之间的联系。这些可以帮助市场研究人员、数据分析人员以及数据科学家找出一组最佳的变量，用来构建预测模型。

2. 回归分析的基本概念

首先了解一下回归的基本概念。

因变量（Dependent Variable）是数学名词，函数关系式中，某些特定的数会随另一个（或另几个）数的变动而变动，这称为因变量。

自变量（Independent Variable）一词来自数学。在数学中，$y=f(x)$，在这一方程中，y 随 x 的变化而变化，自变量是 x，因变量是 y。将这个方程运用到心理学的研究中，自变量是指研究者主动操纵，而引起因变量变化的因素或条件，因此自变量被看作因变量的原因。自变量有连续变量和类别变量之分。如果实验者操纵的自变量是连续变量，则实验是函数型实验；如果实验者操纵的自变量是类别变量，则实验是因素型实验。比如在心理学实验中，要有一个有机体作为被试对象对刺激做出反应。显然，这里刺激变量就是自变量。

回归分析（Regression Analysis）是确定两种或两种以上变量间的定量关系的一种统计分析方法。运用十分广泛，按照涉及变量的多少，回归分析可分为一元回归分析和多元回归分析；在线性回归（Linear Regression）中，按照因变量的多少，可分为简单回归分析和多重回归分析；按照自变量和因变量之间的关系类型，可分为线性回归分析和非线性回归分析。如果在回归分析中只包括一个自变量和一个因变量，且二者的关系可用一条直线近似表示，这种回归分析称为一元线性回归分析。如果回归分析中包括两个或两个以上的自变量，且自变量之间存在线性相关，则称为多元线性回归分析。

回归分析实际上就是利用样本（已知数据），产生拟合方程，从而对未知数据进行预测。

3. 主要算法

主要的回归算法有线性回归、普通最小二乘（Ordinary Least Squares，OLS）

回归、逻辑斯谛回归（Logistic Regression）、逐步回归（Stepwise Regression）、岭回归（Ridge Regression）、LASSO（Least Absolute Shrinkage and Selection Operator）回归、Elastic Net 回归。其主要优点有直接、快速，但也存在一定的缺点，即要求严格的假设、需要处理异常值。

（1）线性回归

线性回归用最适直线（回归线）建立因变量 Y 和一个或多个自变量 X 之间的关系。可以用公式 $Y=a+bX+e$ 来表示。其中，a 为截距，b 为回归线的斜率，e 是误差项。如何找到那条回归线？可以通过最小二乘法来解决这个问题。最小二乘法就是线性回归模型的损失函数，损失函数最小时得出的参数，才是最需要的参数。

（2）普通最小二乘回归

在 OLS 回归中，估计方程可通过将样本的数据点与由方程预测的值之间的距离平方和最小化的方程计算得出。

（3）逻辑斯谛回归

逻辑斯谛回归是一种减小预测范围、将预测值限定为 [0，1] 的回归模型。其因变量可以是二分类的，也可以是多分类的，但是二分类的更为常用，也更加容易解释。

（4）逐步回归

在实际问题中，人们总是希望从对因变量有影响的诸多变量中选择一些变量作为自变量，应用多元回归分析的方法建立"最优"回归方程以便对因变量进行预报或控制。所谓"最优"回归方程，指包含所有对因变量影响显著的自变量，而不包含对影响不显著的自变量的回归方程。逐步回归分析正是根据这种原则提出来的。它的主要思路是将全部自变量按其对因变量的作用、显著程度或者贡献由大到小排列，然后逐个引入回归方程，而那些作用不显著的变量可能始终不被引入回归方程。另外，已被引入回归方程的变量在引入新变量后也可能不再重要，而需要从回归方程中剔除出去。引入一个变量或剔除一个变量都称为逐步回归的一步，每一步都要进行检验，以保证在引入新变量前回归方程中只含有影响显著的变量，而影响不显著的变量已被剔除。

（5）岭回归

岭回归是一种专用于共线性数据分析的有偏估计回归方法，实质上是一种改良的最小二乘估计法，通过放弃最小二乘法的无偏性，以损失部分信息、降低精度为代价获得回归系数更符合实际、更可靠的回归方法，对病态数据的拟合要强于最小二乘法。

（6）LASSO 回归

LASSO 回归是通过构造惩罚函数来约束其回归系数的绝对值。与岭回归不同的是，LASSO 回归在惩罚方程中用的是绝对值，而不是平方，这就使惩罚后的值可能会变成 0。

（7）Elastic Net 回归

Elastic Net 回归是 LASSO 回归和岭回归的结合，它会事先训练 L1 和 L2 作为惩罚项。当许多变量相关的时候，Elastic Net 回归是有用的。LASSO 回归一般会随机选择其中一个，而 Elastic Net 回归则会选择两个。与 LASSO 回归和岭回归相比，优点就是 Elastic Net 回归会继承一些岭回归的稳定性是其优点之一。

4. 回归模型的选用

面对如此多的回归模型，最重要的是根据自变量与因变量的类型、数据的维数和其他数据的重要特征选择最合适的方法。以下是选择正确的回归模型时主要考虑的因素。

（1）数据探索是建立预测模型不可或缺的一步。在选择正确模型之前要先进行数据探索。

（2）交叉验证是验证预测模型最好的方法，用户可以把数据集分成两组：一组用于训练，一组用于验证。

（3）当数据集有许多让人困惑的变量时，不应该用自动模型选择方法，以免混入不需要的变量。

（4）不强大的模型往往容易建立，而强大的模型很难建立。

（5）回归正则方法在高维度和多重共线性的情况下表现得很好。

三、数据可视化方法

（一）数据表格统计分析

1. 数据表格介绍

表格，又称为表，既是一种可视化交流模式，又是一种组织整理数据的手段。人们在通信交流、科学研究以及数据分析中经常用到各种各样的表格。各种表格常常会出现在印刷介质、手写记录、计算机软件、建筑装饰、交通标志等许多地方。随着上下文的不同，描述表格的惯例和术语也会有所变化。此外，在种类、结构、灵活性、标注法、表达方法以及使用方面，不同的表格也迥然不同。在各种书籍和技术文章当中，表格通常放在带有编号和标题的浮动区域内，以区别于文章的正文部分。

表格应用于各种软件中，有表格应用软件也有表格控制软件，典型的有Office Word、Excel，表格是最常用的数据处理方式之一，主要用于输入、输出、显示、处理和打印数据，可以制作各种复杂的表格文档，甚至能帮助用户进行复杂的统计运算和图表化展示等。表格控件还可以用于数据库中数据的呈现和编辑、数据录入界面设计、数据交换（如与 Excel 交换数据）、数据报表及分发等。

而随着互联网的发展，还能在网上做表格，简称"网表"或"在线表格"。

2. 创建数据表

数据表格表示一个关系数据的表，可以独立创建和使用，也可以由其他数据库软件对象（如 .NET Framework）使用，最常见的情况是作为数据组的成员使用。

还可以使用数据表格构造函数创建数据表格对象。可以使用 Add 方法将其添加到数据表格对象的 Tables 集合中，再添加到数据组中。

也可以通过以下方法创建数据表格对象：使用 DataAdapter 对象的 Fill 方法或 FillSchema 方法在数据组中创建，或者使用数据组的 ReadXml、

ReadXmlSchema 或 InferXmlSchema 方法从预定义的或推断的 XML 架构中创建。请注意，将一个数据表格作为成员添加到一个数据组表的 Tables 集合中后，不能再将其添加到任何其他数据组的表集合中。

初次创建数据表格时，是没有架构（即结构）的。要定义表的架构，必须创建 DataColumn 对象并将其添加到表的 Columns 集合中。也可以为表定义主键列，并且可以创建 Constraint 对象并将其添加到表的 Constraints 集合中。数据表格定义了架构后，可通过将 DataRow 对象添加到表的 Rows 集合中来将数据行添加到表中。

创建数据表格时，不需要为 TableName 属性提供值，用户可以在其他时间指定该属性或者将其保留为空。但是，在将一个没有 TableName 值的表添加到数据组中时，该表会得到一个从 "Table"（表示 Table0）开始递增的默认名称 Tablen。

3. 数据表格架构定义

表的架构（即结构）由列和约束表示。使用 DataColumn 对象、ForeignKeyConstraint 和 UniqueConstraint 对象定义数据表格的架构。表中的列可以映射到数据源中的列、包含从表达式计算所得的值、自动递增它们的值或包含主键值。

按名称引用表中的列、关系和约束是区分大小写的。因此，一个表中可以存在两个或两个以上名称相同（但大小写不同）的列、关系或约束。例如，可以有 Coll 和 col1。在这种情况下，按名称引用某一列就必须完全符合该列名的大小写，否则会引发异常。

如果某个特定名称只存在一个列、关系或约束，则不应用区分大小写。也就是说，如果表中没有其他的列、关系或约束对象与该特定列、关系或约束对象的名称匹配，用户就可以不区分大小写来按名称引用该对象，并且不会引发异常。

4. 在数据表格中处理数据

在数据组中创建数据表格之后，执行的命令可以与使用数据库中的表时执行的命令相同。可以添加、查看、编辑和删除表中的数据；可以监视错误和事件；并且可以查询表中的数据。

在修改数据表格中的数据时，也可以验证更改是否正确，并决定是否以编程方式接受更改或拒绝更改。

（二）数据统计图表分析

数据图表泛指在屏幕中显示的，可直观展示统计信息属性（时间性、数量性等），对知识挖掘和信息直观生动感受起关键作用的图形结构，是一种能将对象属性数据直观、形象地"可视化"的手段。

数据图表可以方便地查看数据的差异和预测趋势，使数据比较或数据变化趋势变得一目了然，有助于快速、有效地表达数据关系。图表是与生成它的工作数据相链接的。

合理的数据图表，会更直观地反映数据间的关系，比用数据和文字描述更清晰、更易懂。将工作表中的数据转换成图表呈现，可以帮助人们更好地了解数据间的比例关系及变化趋势，对研究对象做出合理的推断和预测。

第三章

大数据时代智慧供应链管理的创新方法设计

第一节　基于技术的智慧供应链创新的路径设计

一、基于技术的智慧供应链创新的路径设计分析

目前广泛而零散的技术已然不能完全满足企业构建智慧供应链的需求，企业需要找寻其资产结构、所在供应链的特点以及其对技术创新需求的平衡点，选择不同的技术研发路径，例如合作研发路径、独立研发路径以及综合研发路径。

（一）合作研发路径

伴随着经济全球化过程的加快和市场化竞争愈加激烈，单一企业的有限资源已无法满足高水准的技术创新，开展协同化的供应链技术创新已然是供应链企业的当务之急。供应链核心企业与上下游成员之间达成协议，通过合作研发，实现产品监控、风险管控、日常运营等多方面技术的创新构想。供应链成员利用各自丰富的研究经验进行商业数据分析，提出指向性的供应链技术需求，与企业共同寻找优化的方案，合作研发相应的技术，成功地将技术供应者、技术创新者、技术使用者连接起来，达到合作研发的目的。合作研发路径也是产业界常见的形式。

比如，中汽创智科技有限公司（以下简称"中汽创智"）与中智行科技有限

公司（以下简称"中智行"）达成战略合作，将加快智能汽车技术研发和应用：

中汽创智与中智行于 2020 年 10 月 29 日达成战略合作，致力于加快智能汽车技术的研发和应用，构建全新的智能汽车产业。

中汽创智专注于研发绿色低碳、智慧安全、极致体验的汽车技术，赋能美妙出行、美好生活的发展愿景，致力于成为汽车行业技术创新的引领者、产业孵化的践行者、数据服务的驱动者。中智行是以人工智能和 5G 车路协同为基础的中国领先的无人驾驶公司，在全球范围内率先提出了融合 5G 的车路协同的技术方案。

双方将致力于建立长期共赢的战略合作伙伴关系，分别发挥在汽车行业和无人驾驶行业的优势，聚焦为中国研发自主可控的智能汽车技术，加快智能汽车技术的研发及推进应用，进而推动和实现中国汽车产业的长足发展。一方面，中汽创智作为整车环节的专业研发平台，在新能源汽车产业发展中地位重要、作用关键。未来，双方依托各自在智能驾驶领域的优势，通过多领域业务融合，共同积极探索单车智能驾驶、5G 智能车路协同等汽车科技，开发市场领先的车路协同产品，实现共同发展。另一方面，中智行是基于 5G 车路协同打造新一代智慧交通公司，致力于加速实现中国的车路协同智慧交通。未来，中智行将充分利用公司在 5G 无人驾驶和车路协同方面的领先技术和经验，通过与中汽创智的合作双赢实现产业共赢。

（二）独立研发路径

在当代技术外包研发不断增长的趋势下，一些依赖科学知识含量的技术密集型企业却走上了另一条路，即技术的独立研发道路，紧跟科技发展潮流，纷纷建立起属于自己内部的大数据云平台，使各个环节不同部门的工作人员能够高效地进行数据信息的交互。例如，顺丰速运集团（以下简称"顺丰"）建立的顺丰科技致力于打造全方位智能化的供应链解决方案，不仅提供无人机技术等，还致力于打造可持续包装解决方案、信息安全解决方案以及丰溯区块链解决方案。

企业研发机构是企业自主创新能力的中坚力量，为企业产品升级提供技术支撑。在供应链中，前端客户的真实需要传递到供应商节点会不可避免地产生牛鞭效应，其过程会带来大量的信息损耗。技术独立研发路径下，企业内部的便捷沟通，可以带来更加高效的创新价值。前端销售团队负责洞察市场需求；产品团队设计符合市场需求的新产品并提出新产品需求；技术团队在整合现有技术的条件下开发新技术，实现新产品开发目标，并进一步挖掘新技术潜力；运营团队负责新产品项目的落地实施，并把异常与成果告知客服团队再反馈给前端销售团队。

例如，顺丰科技有限公司（以下简称"顺丰科技"）践行科技改变物流和物流改变生活的理念，即用科技辅助管理者，提升决策效率、简化决策和管理流程；用科技赋能收派员，让收派员工作得更高效、更轻松、更开心；用科技温暖客户，给客户更智能、更人性化的服务体验。该公司致力于打造全方位智能化的供应链解决方案，并于 2020 年 7 月 30 日正式推出了自主研发的三款大数据产品，包括大数据平台、数据灯塔和丰溯。

大数据平台作为顺丰数据中台体系的核心技术底盘和顺丰信息网的核心组成部分，具有低代码、大容量、高性能、全链路、强安全等特性，可以提供数据采集、储存、分析计算等功能，具有大数据全生命周期的服务能力，从而为高速运转的物流管理、运作体系提供算力支撑。数据灯塔是基于大数据平台的一款应用，通过大数据技术对产品的全生命周期进行实时监控，让顺丰的企业客户能够及时掌握物流动态，实时发现存在的问题并进行干预，为客户优化物流提供数据支撑。丰溯则通过"区块链＋物联网"技术实现对产品物流信息的溯源，从生产和加工源头保证产品品质和安全。

对 3 个产品的运用使顺丰实现了大数据技术与物联网、区块链、人工智能深度融合，打造了完整的数字化供应链体系，帮助企业客户连接了产业上下游。

（三）综合研发路径

技术的综合研发路径是将技术的合作研发路径与技术的独立研发路径相结合，依靠市场的力量，将技术研发向供应链的上下游延伸。例如，某一个行业的供应链共性技术具有真空地带，在此行业中的领先企业就可以选择把其竞争力从提供领先的产品上转移到提供领先的共性技术上，从而获得更高的技术主动权。

但共性技术难以在短期内产生效用，因此，需要坚持较长时间的研发。并且共性技术开发依赖于企业间的合作关系，取决于企业在供应链中的地位，具有很大的风险且竞争十分激烈。技术的综合研发也可来源于其他供应链上的企业，如供应商、客户以及代理等合作伙伴，共同解决整条供应链上的痛点以增加整体盈余。此外，按照合作企业在供应链中的位置，可将技术综合研发路径分为横向合作研发和纵向合作研发。

二、京东智慧供应链创新的典型实践

作为国内领先的技术驱动型电商平台，京东不断夯实核心技术，始终以技术应用创新为核心竞争力，倡导并引领了合作多赢、协同发展的良好市场格局。京东的技术创新路径是典型的技术综合研发路径，其具有以下特点。

（一）针对性强

供应链共性技术是某一类特定供应链企业共同使用的技术，其往往针对某一特定产业或供应链。因此，技术的综合研发具有较强的针对性，它往往针对特定类型的供应链，且技术研发成果也仅在达成技术合作的特定供应链企业中共享。对于不同的供应链，其综合研发模式会有所不同。

（二）研发时间长、风险较高

通常来说，供应链共性技术难以在短期内产生效用，并且依赖于企业的技术能力、企业间的合作关系、企业在供应链中的地位等。相较于技术独立研发路径，该路径已经使研发风险有所降低，但总体来说，由于研发时间的延长和模式的复杂性，该路径仍具有较高的风险。

技术综合研发路径主要适用于供应链中的技术领先企业（如供应链中的平台型企业）主导供应链共性技术开发的情况，此时，各节点企业借助自身技术资源和能力参与供应链共性技术研发过程，并获得与所在供应链具有高度针对性和匹配度的技术研发成果。在该路径下，技术领先企业以自己的技术优势辐射供应链上下游合作企业，带动全链条的技术创新和进步，从而获得更大的供应链竞争优势。

京东"ABCDE"战略共建技术合作生态如下。

京东本身拥有丰富的场景，加上京东深厚的技术积累和坚实的基础设施，京东在 AI 技术与大数据、云计算、物联网、5G 等领域实现深度融合，借助 AI 和大数据，以京东云、京东 IoT 的"云 + 端"相结合的方式，利用 5G 技术，一方面为京东自身的零售、物流、金融等场景提供技术与服务支持；另一方面则将积累的经验与成果向外部合作伙伴赋能输出。

京东的技术战略可以概括为"ABCDE"，即以人工智能（AI）为"大脑"，大数据（Big Data）为"氧气"，云（Cloud）为"躯干、肌肉和血管"，物联网设备（Device）为"感知神经"，并加强前沿探索（Exploration），"ABCDE"深度融合，形成更具生命力和竞争力的有机体，为技术的产业化、规模化落地夯实了地基。

京东的"ABCDE"技术战略的本质是促进技术融合，进而促使价值叠加；与行业 Know-how（技术诀窍）进一步紧密结合，与合作伙伴一道共建良好的技术合作生态；时刻以用户为中心，解决真实场景问题，以最终实现面向社会创造更多价值。京东的技术战略涵盖了各个领域。

1.基础设施领域

作为最早布局智能供应链的物流企业，京东一直致力于成为全球供应链基础设施服务商，不断通过各种技术革新与基础网络升级，探索在不同业务场景下满足不同消费者的多元化、个性化需求，提供精准、优质的服务。与此同时，京东也向社会全面开放物流网络。

2.物流与供应链管理领域

基于多年的供应链管理和实践经验，京东自主研发了全球领先的供应链管理决策与优化平台。该平台以智能选品、智能库存、智能定价功能为核心，优化了"产业链 + 供应链 + 创新链"，促进了零售行业供应链的整体效率提升，改善了消费者的体验，惠及供应链生态闭环中的各个主体，极大降低了社会生产制造行业的运营成本。例如，该平台携手雀巢推进联合补货预测，使雀巢的需求预测准确率从 45% 提升到 85%，产品现货率从 73% 提高到 95%，订单提前期缩短 50%，线上销售额增长超过 3000 万元。此外，与沃尔玛中国上百家门店合作，双方线上线下用户与流量互相转化，平均每个门店的线上订单量增加超过 8 倍。事实证明，资源共享、技术共享，不仅能带来良好的社会效益，还会获得市场口碑和合作伙伴的赞誉，也能创造更好的经济效益。

3."互联网 + 税务"领域

京东跟中央企业也有合作。京东表示，其与超过三分之一的央企有战略合作或项目合作，其中创新是一条鲜明的主线。例如，京东和航天信息股份有限公司合作，打造"互联网 + 税务"的创新业务平台，已经实现了增值税发票系统升级版下的电子发票从自动开具、接收、自动记账，再到电子会计凭证自动归档的全系统闭环流程。

京东通过技术创新，正在把自身积累的创新技术和经验开放给社会以及合作伙伴，推动全社会物流效率的提升。一方面，这使京东加强了自身的技术领先优势，保持了市场竞争力。另一方面，这些举措也推动了行业的降本增效，带动了同行业及上下游产业链的协同发展，促进物流基础设施与实体经济的深度融合。

第二节　基于商业模式的智慧供应链创新路径设计

一、基于商业模式的智慧供应链创新的路径设计分析

（一）共享化路径

在新兴技术飞速发展的今天，共享化商业模式成为管理供应链资源的先进

手段。在共享化平台上，可以随时利用区块链技术进行溯源，实时追踪供应链各个环节。例如，新零售业供应链打造了线上与线下深度融合的一种新模式，供应链中多方协作共享，将传统零售以企业为中心转移到通过全渠道满足消费者需求的消费者中心模式。

共享化商业模式致力于打造 F2C（从厂商到消费者）商业模式，从供应商直接面向消费者群体，省去了传统供应链中间代理商、经销商环节，直接把人、货、场三者串联起来。同时，O2O（线上到线下）商业模式也必不可少，将线上线下资源成功对接，打造"互联网+"信任社群。甚至还出现了 B2C2B（商家对消费者再对商家）商业模式。该路径以消费者为中心，卖方与交易平台共同为买方提供优质的服务，把供应商、生产商、经销商到消费者的整个产业连接一体，实现产品、服务解决方案的全面升级。

为了更加直观地理解这种模式，我们以盒马产业基地为例。

2020 年 4 月 17 日，盒马产业基地在上海浦东新区航头镇正式动工，盒马总部将正式落户上海浦东，并在此打造百亿产业基地。

盒马产业基地是集全自动存储输送、分拣加工等功能为一体的加工配送中心，预计投产后年营收将超 100 亿元，服务于上海各大盒马门店。此外，盒马已分别与相关政府部门，就特色农产品产销对接、"盒马村"建设签署战略合作框架协议。

"盒马村"是指根据订单为盒马种植农产品的村庄。通过接入盒马遍布全国的供应链网络和销售渠道，这些村庄从分散、孤立的生产单元转变为连接新零售的销售单元，从传统农业生产升级为"订单农业"和"数字农业"，成为现代农业数字产业链的一部分。

全国首个"盒马村"是四川丹巴八科村。随后，湖北、江苏、山东、河北等地也出现了"盒马村"。上海的"盒马村"将围绕盒马产业基地，构建从数字化农业基地到生鲜产业基地，再到盒马新零售门店的全链路数字化农产品供应链体系。项目建成后，将带动浦东新区 8 个农业龙头企业、20 个合作社和 44 个家庭农场实现快速发展，助推农业数字化转型。

盒马已经迈入新零售 2.0 时代，即一体化的供应链体系，支持全渠道销售，真正实现线上线下深度融合。

（二）封闭化路径

与共享化路径对应的是封闭化路径，是指在供应链创新中企业将自身的资源或者运营方式等封闭起来进行独家创新。在封闭化路径中，供应链企业可以通过封闭的资金供给与有限研发力量，保证技术的保密、独享与垄断。例如技术密集型高科技行业、自然资源能源垄断行业等其他供应链行业，大多建立内部的采购、销售等环节为一体的供应链生态环境，在下一步推进智慧供应链体系建设时，打造自给自足的数字化、智能化平台。

智慧供应链选择商业模式封闭化路径需要 3 个前提：第一，供应链核心企业必须有行业领域中绝对或者相对强势的议价权，这是进行封闭创新的前提；第二，核心企业信用在业界被消费者认可，相信其能提供可靠的产品和服务；第三，只有企业确定进行商业模式变革可以为其带来新的竞争优势时，才是其进行封闭化商业模式创新的最佳时期。

（三）综合化路径

综合化路径是将共享化路径和封闭化路径相结合的一种方式，该方式集两者的优点于一体，对外商业交互实施开源共享化管理，对内实施封闭化管理。一些可以从闭环供应链中直接获取经济效益的企业非常适合这种综合化商业模式创新路径，例如汽车、电器等供应链，企业可以对这种产品进行回收再利用。

与传统的供应链信息共享平台相比，这种综合化商业模式创新更专注于企业对其产品进行全生命周期的数据跟踪把控，对正向供应链提供运营与绩效监控服务，提高正向供应链效率，并对逆向供应链提供产品回收定价等服务。同样，这种模式也需要建立全链条的信息采集、传输、存储、加工等的云平台，使不具有利益冲突的供应链上下游企业有效地进行数据共享，便捷地对异常及错误数据进行再采集。

二、大众汽车智慧供应链创新的典型实践

大众汽车作为一家全球知名的汽车企业，在智慧供应链创新上做出了巨大的努力，通过综合化商业模式创新，成功实现了转型。综合化商业模式创新的典型特征包括以下几个方面。

（一）对内封闭

对内实施封闭化管理，产品的自我封闭系统有利于企业牢牢掌握核心资源和核心能力，在重要的环节获得丰厚的利润。在知识产权意识不强的背景下，各企业都跟风抄袭，导致市场上产品同质化非常严重，对于商业模式创新型企业来说，保护产品信息不被泄露，才能保证企业在好的模式下基业长青。

（二）对外共享

当前，大数据技术日趋成熟并快速发展，大数据业务模式和应用场景日趋清晰，构建适应未来大数据战略推进的大数据平台，支撑对内对外的数据服务，实现企业对外的商业交互是综合化商业模式创新的另一特征。通过对外与广告、实地销售、金融咨询等多行业进行合作，可快速实现大数据资产的增值，提高企业经营效益和市场竞争能力。

这种综合化商业模式创新主要适用于可以从闭环供应链中直接获取经济效益的企业，将封闭化路径与共享化路径结合，对内封闭，对外共享。例如，海尔公司由封闭的制造企业变成开放竞争的综合化平台，在转型前，模具工厂的订单来自集团内部，内部订单直接下达后，模具工厂批量化生产，最终目的是按期交付合格的产品。而平台化的转型战略要求工厂由封闭垄断到开放竞争，由被动接单到抢单制造，由根据资源找用户，变为通过用户找资源。

2019年的日内瓦车展，汽车世界的目光，依然被特斯拉的喧嚣所吸引。然而，大众汽车展台上发生的一件看似不起眼的小事情，将给传统汽车产业带来真正的冲击。

作为世界上最具竞争力的模块化开发平台汽车制造商，大众汽车将面向电动车产业研发模块化汽车平台（MEB 平台），MEB 平台是该公司有史以来最重要的汽车项目。为了这个平台的研发，整个公司投入了无数的资源。这个平台，除了最基础的、极具扩张性的、模块化的底盘，还拥有最先进的整车电子电气架构——E3 架构，从而使未来的汽车能够进行软件定义。如今，MEB 平台在全球范围内被视为仅次于特斯拉的 Model 3 和 Model Y 共享平台的电动车平台。

在传统的汽车行业商业模式中，汽车企业会极度严苛地守护着自己的秘密，研发中心甚至不允许"可疑人士"靠近，通过保守核心知识产权的秘密获得竞争优势。大众汽车倾注集团力量，历时 4 年研发的 MEB 平台，授权"竞争对手"使用，基本上可将其视为一个电动汽车的"安卓平台"，这种模式对汽车产业带来的冲击是巨大的，极大地降低汽车制造的门槛。在大众汽车 MEB 平台的帮助下，其他企业可以共享 MEB 平台的底盘以及供应链，甚至是生产能力，只需要解决电动车产品的应用和运营问题就行。当大量的企业利用 MEB 平台打造汽车产品时，其客观结果就是极大地提升这个生态的规模优势。这会让那些单打独斗的电动车平台在硬件成本和研发效率上难以与之竞争。更可怕的是，其在软件和车联网生态上形成的竞争力，其他平台也望尘莫及。

这样的结果将会使很多汽车企业为了在硬件成本以及软件生态上具备竞争力，而不得不选择加入 MEB 平台的对内封闭对外开放的综合化商业模式。此举将会改变汽车产业的商业模式，在过去的一百年，传统汽车企业的核心商业模式是卖车，核心能力是造车。但大众汽车的 MEB 平台的开放，使造车这项核心能力被削弱。其他企业不需要研发汽车，不需要搞定供应链，甚至不需要搞定生产。它们要做的就是定义产品，在大众汽车提供的 OS（操作系统）模块的基础上，研发应用程序，控制用户和数据，最重要的是，要降低运营成本，提升运营效率。

对于大众汽车而言，它们提供底盘、供应链、整车电子电气架构，包括 OS 模块，但不用提供 OS 模块的深度定制服务，让运营企业自己来做深度定制，只需要把这个生态不断地做大，就将具备无与伦比的影响力。大众汽车 MEB 平台的开放，必将极大地加速电动车替代燃油车的进程。

第三节　基于制度的智慧供应链创新路径设计

一、基于制度的智慧供应链创新路径设计分析

（一）随机演进路径

随机演进是指制度变迁不是靠人为的有意识设计完成的，而是随着历史的自然演化完成的，具有随机性。在供应链创新中，制度的随机演进过程主要分为三个部分。第一，与人类社会制度的随机演进类似，供应链制度随机演进受到员工数量和劳动方式的制约，进而受到供应链合作方式的制约。第二，供应链制度随机演进的动因主要是资源的稀缺性以及技术的进步，在供应商管理方面往往具有滞后性。第三，制度的随机演进在带来利益的同时，难免会有一些制度漏洞被供应链中的投机者所利用，于是自我修复客户管理应运而生。

供应链控制塔（SCCT）的概念越来越流行。供应链控制塔是从"物流控制塔"演变而来的。近年来，一些大型跨国物流公司借用机场控制塔的方法，推出了物流控制塔（Logistics Control Tower）的概念。

在整个供应链控制塔的演进过程中，供应链控制塔1.0和2.0是传统方式的控制塔。它们都是以单个企业为中心，外部的贸易伙伴能见度有限，信息共享程度低。供应链控制塔1.0只有描述性的可视化，供应链控制塔2.0具有预测性分析能力，但没有指标性的分析能力。

当供应链控制塔发展到3.0时，其与供应链控制塔1.0和2.0有了本质区别，它存在于客户驱动的供应链网络中，并且控制和管理整个供应链网络。供应链控制塔3.0的特点：企业是供应链网络的一部分；展示价值链的完整视图，具有对供应链每个阶段能力的可见性；具备实时数据流；具有指标性的分析能力，也就是基于数据学习（如机器学习），为决策者提供优化建议和制定最佳的行动方针。

当供应链控制塔发展到4.0时，它和供应链控制塔3.0一样都处于客户驱动

的供应链网络中。然而，供应链控制塔 4.0 是基于人工智能的数字化供应链控制塔，具有自主反应与学习、协同共享信息、校正供应链、机器学习、认知分析等特征。

国内的大多数物流和供应链企业尚处在供应链控制塔的概念学习和应用推广阶段。根据调查，大多数的物流 / 供应链控制中心或指挥中心尚处于供应链控制塔 1.0 或 2.0 时期，部分达到了供应链控制塔 3.0。随着经济技术的不断发展，相信大多数企业将朝着供应链控制塔 3.0 和智能化的数字化供应链控制塔 4.0 迈进。

（二）计划演进路径

制度的计划演进路径是指供应链上的直接主体，包括个人、企业、社会组织以及政府组织等，在制度演进所带来的潜在利润的驱动下，有意识地采取行为推动供应链制度变迁或者对制度变迁施加影响的一种制度演进方式，并且该方式受人为因素影响较大。

计划演进路径从源头上把控整个供应链，把市场的自我调节机制能力用更稳固的计划管理模式替代。通过制定一系列的制度，可以有效把控供应商、生产商的生产活动。通过调节技术水平的高低，扩大整个供应链的经济效益。这种计划演进路径通常适用于客户需求稳定的情况。

海外仓是跨境电商全球采购、全球销售以及第三方物流企业提升服务质量、获取市场竞争优势的重要抓手。跨境电商设立海外仓是市场竞争下的必然需求。亚马逊等全球领先的跨境电商平台发展势头迅猛，对海外仓的布局和建设起到了推动作用。主要面向国内市场的京东则在全球通过 100% 覆盖产地来布局 110 多个采购海外仓。服务跨境电商或全球物流的第三方物流企业，如顺丰等，也同样在境外加大了布局第三方海外仓的力度。

尽管海外仓数量急剧增加，但实际上，多数新增海外仓给投资企业带来的运营成本却远高于收益。总的来说，海外仓现存的主要问题，除国际税法差异和海外消费者权益差异导致的政策风险、经营风险、质量风险和成本风险外，绝大多数与信息不对称、数据难共享和预测不精准直接相关，如货物爆仓、滞销滞压、建仓成本高、退换货损失大等。因此，如何解决上述问题，并通过海外仓提升供应链整体利润，成为今后规划和建设海外仓的关键。

事实上，上述问题恰恰是智慧供应链所关注和能解决的，更需要形成跨境电商的智慧产业链生态。从供应链体系和产业链生态来看，海外仓运营的成功与否，取决于其在整个供应链和产业链中所处的位置和所起的作用，取决于运营管理的成本与收益的效率对比，取决于仓储商品类型与供应链类型的匹配度，取决于互联网及信息技术、智能技术等对仓储智慧决策的支撑程度。

海外仓的运营也同样需要如国内仓储一样"结点成网"，利用联盟、资本或信息网络对自身及盟友资源的全禀赋要素优化，融合多式联运、中转仓、货运代理、退货换标和报关清关等资源，特别在国内国外两端共建姊妹海外仓、姊妹边境仓，实现全程物流轨迹追踪和全网络协同共赢。此外，海外仓还需要提高节点仓配的即时响应速度。跨境电商平台本就具有全流程、全资源的数字化基础，因此，较易引入自动化装备，利用操作无人化、运营智能化和决策智慧化实现全球跨境电商智慧供应链体系。

（三）综合演进路径

综合演进路径是将随机演进路径与计划演进路径相结合的一种方式，通常在某个环节或者部分采取不同的制度创新方式。第一，要尊重市场的自主调节机制，供应链的生产、流通、消费环节都是由市场通过价格、供求、竞争等要素实现的，市场这只无形的手调节了要素流动，实现了资源的合理配置。第二，要发挥供应链核心企业的计划指导作用，这里的计划不再是僵硬的计划，而是对市场变化进行灵活调整的宏观调控，是一种科学的供应链管理手段。

历史进程决定了现在的发展状态，制度的初始体系一旦形成，往往会沿着既定的路径前进，想要逆转则需要投入非常高的成本，因此，制定初始供应链行动规则非常重要。若企业处在供应链的关键环节，且是整个供应链的规则制定者，那么在制度设定上便具有一定的主导权，可以依照不同的环境对采取的制度进行调整和改善，再将制度细化，分割为多个子制度。不同的制度适用于不同的制度演进模式，根据其特色采取不同的制度。

二、国家电网智慧供应链创新的典型实践

以制度综合创新为落脚点，国家电网有限公司（以下简称"国家电网"）作为中央企业的"国家队"，抢抓供应链发展新机遇，积极突破传统采购管理范畴，创新建设具有国家电网特色的现代智慧供应链体系，充分整合供应链上下游资源，推动供应链质量变革和效率变革。在商务部全国供应链创新与应用试点企业中期评估中，国家电网获评"优"，典型经验在全国推广。制度综合演进路径的典型特征包括两方面。

一是优势互补，供需平衡。制度的供给和需求往往呈现出"均衡—失衡—均衡"的周期变化形态，其中，供需失衡构成了制度变迁的动因。因此，智慧供应链制度综合演进本质上就是均衡和非均衡相互作用和转化的过程，在这个过程中，随机演进路径中的市场调节和计划演进路径中供应链核心企业的理性设计共同发挥作用，实现优势互补。

二是因地制宜。在制度的综合演进路径中，供应链制度是根据供应链企业所面临的外部市场和技术环境的变化而发展变化的。因此，特定的技术、组织和环境对应不同的制度，进而可以采用不同的制度演进路径进行创新。也就是说，供应链核心企业可以根据外部环境实现制度创新。

企业的发展有赖于技术支持，而制度和技术之间是一种相互依赖的关系，因此，如果现有制度无法适应当前的市场环境从而阻碍了技术进步，就需要进行制度的综合演进，以充分适应环境变化。为此，市场上绝大多数供应链节点企业所采用的制度创新方式都是随机演进路径和计划演进路径相结合的综合演进路径，其目的就是实现供应链制度与技术和环境的协调。尤其是对于供应链中掌握关键话语权的节点企业而言，它们更倾向于采取这种能够适应环境并进行理性设计的科学方法，来应对不断变化的外部冲击，科学、渐进地实现智慧物流和供应链的创新。

国家电网认为全景质控是现代智慧供应链体系三大核心业务链之一。多年来，国家电网坚持"质量强网"理念，全力打造"质控链"智能化运作体系，全方位提升质量检测能力，实现事前管控、事中监督、事后闭环，电网设备质量管理取得显著成效。

事前建立供应商信息"一本账"。近年来，国家电网逐步建立了完善规范的核实制度，由总部和省公司两级组织开展，对主要设备供应商开展全方位量化的"深度体检"，建立高质量的供应商信息库，防范供应商虚假投标风险，从源头管控采购设备质量。2020年，国家电网建成了新一代电子商务平台（ECP2.0），对自愿报名参加核实的供应商进行"体检制"云核实，建立供应商信息"一本账"，实现供应商信息全方位数字化管理。不仅如此，ECP2.0供应商信息核实生成的量化可视结果还可直接用于投标环节，为采购策略优化提供保障。

　　事中织密质量监督"一张网"。从2019年5月起，国家电网开始建设电工装备智慧物联平台（EIP），此前已建成10大品类管理中心。EIP实现了生产制造实时感知与智能监造深度融合，从生产线实时采集数据，打造"透明工厂"。基于EIP的智能监造则实现了物资生产环节的质量管控，在推进产品质量提升的同时，也推动了电工装备产业的升级。

　　事后下好闭环管控"一盘棋"。国家电网依托新一代电子商务平台深化事后闭环"一盘棋"管理，对质量监督中发现的问题，由平台自动进行分类分级，按照严重程度，对供应商作合同违约责任追究、不良行为处理、绩效评价扣分，并推送至招标采购环节，形成应用闭环。

　　国家电网通过深化现代智慧供应链全景质控业务链应用，不断提升电网设备质量。全景质控数据内外贯通、实时交互，引导了上下游产业供需对接，营造出重质量、讲诚信的良性竞争氛围，促进了电工装备制造水平整体提升，打造了电工装备生态圈，助推电网高质量发展。

第四节　智慧供应链不同创新路径的比较与组合

一、不同创新路径的比较

　　从上述供应链创新路径设计方式来看，技术创新路径、商业模式创新路径、制度创新路径的构成各不相同，并且各具特点，表3-1、表3-2、表3-3分别为三种技术创新路径的比较、三种商业模式创新路径的比较、三种制度创新路径的比较。

表 3-1　三种技术创新路径的比较

	特点	主要内容	案例
合作研发路径	（1）资源共享 （2）优势互补 （3）风险共担 （4）利润共享	打造技术供应者、技术创新者、技术使用者交互网络	供应链企业与研发机构、高校研发团队合作研发
独立研发路径	（1）专业 （2）高效 （3）垄断 （4）投入高	技术密集型供应链企业打造研发团队，服务于供应链网络	顺丰科技、华为科技等
综合研发路径	（1）针对性强 （2）时间长 （3）具有滞后性	供应链上下游中的技术领先企业进行共性技术开发	亚马逊无人超市等

表 3-2　三种商业模式创新路径的比较

	特点	主要内容	案例
共享化路径	（1）资源节约型 （2）成本低 （3）以消费者为中心	从供应商、生产商、经销商到消费者一体化联结，资源需求方与供给方互利互惠	货拉拉、共享单车等
封闭化路径	（1）垄断 （2）技术或资源主导 （3）用户黏性强	建立企业内部采购、销售等环节为一体的供应链生态环境	高科技行业供应链、自然资源能源垄断行业供应链等
综合化路径	（1）自主与控制结合 （2）正向与逆向结合	以产品为主体，联结其闭环式生命周期供应链网络	汽车、电器等行业供应链

表 3-3　三种制度创新路径的比较

	特点	主要内容	案例
随机演进路径	（1）适用于初期 （2）资源制约 （3）滞后性	供应链源头、内部、前端的资源、技术、管理方式等发现问题自我修正的过程	早期社会政府企业、传统型供应链企业
计划演进路径	（1）针对性强 （2）效果显著 （3）个性化弱	把控供应商、生产商的生产活动，掌握并调节技术水平的高低，客户少量参与	垄断行业计划生产模式、行业内遏制不良竞争而达成协议的手段
综合演进路径	（1）优劣平衡 （2）因地制宜	随机演进路径与计划演进路径相结合	供应链中关键话语权节点企业

二、不同创新路径的组合

智慧供应链的创新路径组合，是一个高度复杂的决策过程，涉及技术、商业模式与制度三个维度的深入变革，这一多元化组合策略，为企业提供了丰富的选择空间，以适应不同的行业背景、企业规模及市场环境，从而更精准地推进智慧供应链体系建设，实现效率、响应速度与可持续性的全面提升。

（一）技术创新路径

技术创新层面，企业可选择的路径包括但不限于数字化改造，即通过云计算、大数据、物联网等技术，实现供应链各环节的信息化与互联；智能化升级，利用人工智能、机器学习等前沿技术，优化决策过程，实现智能预测、智能调度；绿色技术融合，引入节能减排技术，如电动物流车辆、智能包装材料，推动供应链的绿色转型。

（二）商业模式创新路径

在商业模式上，企业可以探索平台化运营，构建开放的供应链平台，整合资源，提升协同效率；服务化延伸，从提供产品转向提供解决方案，如"一站式"物流服务、供应链金融服务；生态圈构建，与上下游企业、第三方服务提供商等建立紧密合作，形成共赢的供应链生态系统。

（三）制度创新路径

制度创新维度，企业可考虑标准化与规范化，推动供应链流程、接口、数据标准的统一，提升系统间的兼容性和交互性；灵活性与适应性，建立灵活的组织结构和响应机制，快速适应市场变化；风险共担与激励机制，通过合同设计、利益共享等方式，促进供应链伙伴间的信任与合作。

（四）组合策略与案例分析

理想状态下，企业应综合考量自身状况与外部环境，灵活组合上述路径。例如，一家制造型企业可能选择"数字化改造＋平台化运营＋标准化与规范化"的组合，通过数字化转型提升内部运营效率，构建开放平台整合上下游资源，同时推动供应链标准化，实现更高效的协同作业。又如，一个专注于生鲜电商的企业，可能会倾向于"智能化升级＋服务化延伸＋风险共担与激励机制"的组合，利用 AI 技术优化冷链物流，提供从源头到餐桌的全方位服务，并通过合理的风险分担机制保障供应链的稳定性与效率。

智慧供应链的创新并非单一路径的选择，而是技术、商业模式与制度三者相互交织、相辅相成的过程。企业应根据自身发展阶段、行业特性及市场需求，灵活选择并优化创新组合，以最小的成本和最短的时间，实现智慧供应链的转型升级。这不仅要求企业具备敏锐的市场洞察力，还需要有强大的执行力和持续的创新能力，以确保在复杂多变的市场环境中保持竞争优势，实现可持续发展。

第四章

大数据时代智慧供应链管理中的智能技术应用

第一节　智能技术在物流配送与运输环节的应用

一、智能技术在物流配送环节的应用

随着时代进步与科技发展，人们的生活节奏越来越快，对物流配送的运输效率有了更高的需求。为了突破地面运输的限制，无人机被许多企业应用到了电商配送中，物资运输压力剧增、无接触配送需求爆发，无人机配送在严峻形势下展现出了灵活、便捷、安全、高效等优势。无人配送分为室外配送和室内配送，应对室外配送主要使用的是配送物流车和无人机，应对室内配送主要使用配送机器人。虽然目前无人机还未被大规模应用，但应用其进行货物运输已经十分平常。相信只要陆续突破技术、成本和国家政策等方面的瓶颈，无人配送技术将很快成为智慧物流与智慧供应链管理领域的一大应用热点。

（一）无人机发展及其相关技术

1. 无人机的发展历程

1917 年皮特·库柏（Peter Cooper）和埃尔默·A. 斯佩里（Elmer A. Sperry）发明了第一台自动陀螺稳定器，这种装置能够使飞机保持平衡，向前飞行，无人飞行器自此诞生。应用这项技术成果，美国海军寇蒂斯 N-9 型教练机被成功改造

为首架无线电控制的不载人飞行器——斯佩里空中鱼雷。

早期的无人机个头较大，目标明显且不易于携带。21世纪初研制出了迷你无人机，可以存放在背包中，机型更小巧、性能更稳定。由此推动了民用无人机的诞生。

中国无人机的研究始于20世纪50年代后期，诞生了长空一号靶机、无侦–5高空照相侦察机和D–4小型遥控飞机等，其中无侦–5高空照相侦察机的研制在中国无人机发展史上具有重要意义。20世纪末期，中国无人机发展提速。当前，国产的各种型号的无人机基本可以满足国内需求，并且逐步走向国际市场。

2. 物流配送中的无人机发展

物流无人机的发展浪潮始于美国亚马逊公司。最早采用无人机进行物流快递配送的就是亚马逊公司的创始人杰夫·贝索斯（Jeff Bezos）。自亚马逊开始用无人机送货后，很多国内外公司加入无人机的研发与应用行业，而各大物流公司也提出了物流无人机理念。

亚马逊计划打造一个"多层次订单履行中心"，其不仅致力于物流无人机本身的研究，还全方位地开展了对无人机配送的路线规划、概念设计、整体系统建设等的研究工作，建设完整的无人机物流体系。

在快件配送中合理地规划和应用小型无人机可有效解决配送过程中快件的"延误""遗失"和"损坏"等问题，提高配送、收取服务的质量和效率，提升行业的整体技术水平，为公司和用户带来双向效益。物流无人机有着惊人的发展速度和巨大的市场空间，很多物流企业都在布局无人机快递，京东和顺丰更是走在前列。但受到无人机监管条例和技术瓶颈等方面的限制，目前的无人机物流尚处于试点阶段，还没有大规模布局。

3. 无人机的相关技术

无人机能够在高动态、不透明的任务环境中实时、准确感知周边环境并避开障碍物，机动灵活，并且能够实现容错飞行。无人机可以根据任务要求自主规划飞行路径、自主识别相关目标属性，也可以用自然语言与人交流。

飞行控制导航技术、数据链技术和自主控制技术是无人机的三大支撑技术，如表4-1所示。

表4-1　无人机的三大支撑技术

技术	功能
飞行控制导航技术	控制无人机完成整个飞行过程，包括起飞、空中飞行、任务执行与返回场地等，是核心技术
数据链技术	无人机和地面系统保持联系的纽带，完成对无人机的遥控、遥测、跟踪、定位及其传感器传输等工作
自主控制技术	设备针对获取的任务环境相关信息自主建模，如无人机路径选择与重新规划能力可实现路径的协同控制

（1）飞行控制导航技术

无人机的飞行控制导航技术相当于人机系统中的领航员，向无人机提供参考坐标系的地理位置、飞行速度、飞行姿态等信息，引导无人机按照指定航线飞行。

（2）数据链技术

无人机的数据链技术属于多模式、智能的通信技术，基于通信需求与其感知到的无人机工作区域的电磁环境特征，实时、动态地调整无人机通信系统的工作参数，实现无人机与地面系统的可靠通信。数据链技术是满足未来物流配送中无人机组群的关键技术。随着机载传感器定位精准的程度与物流配送任务的复杂程度加深，未来可能会出现激光的通信方式来执行任务。

（3）自主控制技术

自主控制技术也属于无人机的关键技术，包括态势感知技术、规划与协同技术、自主决策技术等。该系统可以自主建模，如通过提取三维环境的特征、评估飞行态势来选择规划路径，实现协同控制。

（二）无人机在物流配送中的应用

无人机在物流配送中的应用还处于不断探索阶段，比如无人机平台需要什么功能、如何进行人机交互及其如何实现结构化合理设计等问题都还在探索中，但无人机在物流配送领域已经有一些典型应用。

1. 无人机的应用分类

目前民用市场普遍应用的无人机是固定翼无人机、多旋翼无人机和垂直起降固定翼无人机三类。

（1）固定翼无人机

固定翼无人机是机翼外端后掠角可随速度自动或手动调整而机翼固定的一类无人机。固定翼无人机续航能力较强，能量利用率高，飞行速度快，并且承载能力强，在飞行过程中可通过微调襟翼和尾翼来适应变化的载重，保持平衡和稳定。但固定翼无人机灵活性较差，转向较慢且转向弧度较大，所以对起降场所要求比较严格，其结构复杂、生产成本高。

（2）多旋翼无人机

多旋翼无人机是一种具有三个及以上旋翼轴的、特殊的无人驾驶旋翼飞行器。

多旋翼无人机性能灵活，能完成相当复杂且精确的飞行运动，并且可以实现垂直起降和空中悬停，因而其对于起降的空间要求和限制相当小。但因为旋翼的能量转换率低，多旋翼无人机的续航时间和飞行距离十分有限，飞行速度也低于其他类型的无人机。

以上两种主流无人机类型的优劣势基本互补，多旋翼无人机凭借其灵活的突出优势，在民用领域应用范围更广，因此占据了民用无人机市场的绝大部分份额。

（3）垂直起降固定翼无人机

垂直起降固定翼无人机结合了多旋翼无人机和固定翼无人机两者的优点，可以在旋翼模式和固定翼模式之间切换。相比传统多旋翼无人机，其续航能力和飞行速度都得到了较大提升。

2. 无人机的物流配送应用

下面给出两架无人机在物流配送领域的应用实例。

（1）京东的"京鸿"货运无人机应用

"蜀道难，难于上青天"，我国四川省西南部山区的山路自古以来都以崎岖难行闻名，在该山区运输货物的难度可想而知，同时道路的"九曲十八弯"大大延长了运输时间。若赶上恶劣天气，出现道路受损的情况，阻断运输的风险便显著增加。但崎岖的山路对于无人机来说不是难题，如果使用无人机在我国广大的农村和山区进行物流配送，可以极大缩短配送的交货时间。因此，京东一直致力于研发大型货运无人机，尝试将物流配送无人机推进山区。京东在无人机研发过程中取得的成绩，如表4-2所示。

表4-2 京东在无人机研发过程中取得的成绩

时间	成绩
2016年	在陕西、四川等地开始测试无人机货物配送
2018年	大型货运无人机"京鸿"首飞成功
2020年	"京鸿"试验载货检飞成功
2023年	完成首次在海南省的无人机配送

早在2016年，京东就在我国陕西、四川等地开始进行无人机货物配送测试。2018年11月，大型货运无人机"京鸿"首飞成功。2020年12月，京东JDY-800"京鸿"货运型固定翼无人机在四川自贡凤鸣通用机场顺利进行载货检飞，标志着京东取得了支线物流无人机试验的显著阶段性成果。大型货运无人机"京鸿"是京东自主研发的，翼展超过10米，具有全天候全自主的飞行能力。各种技术指标：巡航速度超过200千米/小时，续航1000千米以上，巡航高度可达3000米，起飞重量高达840千克。2023年，完成首次在海南省的无人机配送，实现了末端无人机物流全场景应用，标志着京东智慧物流体系在华南地区的扩展。

（2）顺丰的岛际无人机项目的应用

顺丰是我国快递行业的龙头企业，其在物流无人机的研发和布局上也是领跑企业。顺丰无人机项目的应用发展过程，如表4-3所示。

表 4-3　顺丰无人机项目的应用发展过程

时间	成绩
2018 年 3 月	获得国内首张无人机航空运营许可证
2020 年 4 月	在浙江舟山开展无人机岛际运输项目应用
2020 年 9 月	与舟山政府合作，举行无人机首飞仪式，开通 7 条航线
2021 年 2 月	无人机已经分布在江西、四川、湖北、浙江等地
2022 年 5 月	采用"同城急送上门取件 + 无人机运输 + 同城急送上门派送"的模式

　　顺丰科技表示，其在 2018 年 3 月就获得了国内首张无人机航空运营许可证。自 2020 年 4 月起，顺丰一直在浙江舟山开展无人机岛际运输项目。2020 年 9 月，顺丰与舟山政府合作进行无人机的首飞仪式，在舟山的开渔节上大规模首飞运输了海鲜。完成 4000 多平方千米的空域申请后，顺丰开通了三江—秀山、六横—梅山等 7 条航线，充分适应舟山当地的海岛气候条件。2022 年 5 月，顺丰同城试点无人机急送服务，采用"同城急送上门取件 + 无人机运输 + 同城急送上门派送"的模式，不仅提升了配送效率，还拓宽了无人机在即时配送服务中的应用场景，如医疗用品和紧急物资的快速运输。

　　不难看出，顺丰无人机岛际运输项目是以海鲜产品配送为特色应用场景。海鲜产品配送最重要的标准是保鲜，无人机能够有效满足舟山各个分散岛屿多种路径的运输需求，快速将海鲜产品从海岛转移至顺丰冷链，从而帮助舟山特色海鲜产品从海岛走向全国。据报道，无人机运输使海鲜产品运输效率提高了 15 倍，原本 3 小时的水路运输时间甚至可缩短至 12 分钟。

　　顺丰官方表示，其针对不同的运营需求，已成功研发了多款无人机机型及其配套软件和硬件。其无人机 2021 年 2 月已经分布在江西、四川、湖北、浙江等地，完成该区域的城际运输、乡村配送、海岛运输等常规化的物流运输业务，从而解决如医疗冷链、应急配送、特种物流、特色经济等场景下的物流运输末端配送问题。

（三）无人车的相关技术

　　无人车主要依靠车内的以计算机系统为主的智能驾驶仪来完成无人驾驶。

无人车是多技术融合的复杂机械产品，其关键技术为环境感知技术、定位导航和路径规划技术、运动控制技术。支撑无人车的三大关键技术及其功能如表4-4所示。

表4-4　支撑无人车的三大关键技术及其功能

技术	功能
环境感知技术	感知车辆周围环境，像无人车的"眼睛和皮肤"
定位导航和路径规划技术	确定无人车所处的位置、在运动中的速度和方向，规划最优路线
运动控制技术	控制无人车在不同情况和环境中的行为并指导其执行

1. 环境感知技术

环境感知技术是无人车的关键和基础的部分。在行驶过程中，无人车需要用激光雷达、毫米波雷达、红外线传感器、摄像头、超声波传感器等设备感知路边的基础设施，周围车辆、障碍物，交通信号灯等。近年来，物联网技术极大地推动了无人车的发展进程，使无人车能够与周围物体进行"交流"。当然无人车对于环境的感知，不仅限于近距离与目前环境的感知，也包括远距离感知与环境自动预测，所以，机器学习和深度学习的引入会让环境感知更加合理可靠。

2. 定位导航和路径规划技术

定位导航和路径规划技术对无人车至关重要。无人车利用定位系统确定自身在周围环境中所处的位置，利用导航技术确定自身在运动规划中的速度和方向。在无人车上广泛使用的定位技术有GPS系统及我国自主研发的北斗导航系统，在某些特殊的情况下还需要使用其他惯性制导和导航技术进行辅助，以增强无人车的可靠性和安全性。基于人工智能技术的路径规划是目前的主流，能够使无人车行驶路程最短、燃油消耗率最低，节省汽车乘坐者的时间、支出，并能够节能减排。

3. 运动控制技术

运动控制技术即无人车控制模块控制汽车在不同情况和环境中的行为并指导其执行。无人车完成感知周围环境、定位导航和路径规划后，会在执行器控制和执行机构的操作下向目的地运动。当无人车在运动过程中遇到不可预知的物体进行路径规划更新时，控制系统需要及时做出调整。

（四）无人车在物流配送中的应用

无人车灵活、便捷，具备路径规划、智能避障等功能，可以自主进行路径规划，寻找最短路径并规避拥堵路段，从而提高运送效率，解放劳动力。我们以美团的无人车为例，阐述其在配送系统中的应用。2020 年初，美团成立人工智能平台来整合美团内部的人工智能业务需求，致力于探索基于实际业务场景需求的前沿人工智能技术，并迅速应用于服务场景中。针对空地一体化的无人配送系统，美团研发的无人车如表 4-5 所示。

表 4-5 美团无人车

无人车类型	功能
无人配送车"魔袋"	该无人车定位于解决半开放道路长距离内配送的需求，其采用 LA 级别的自动驾驶技术，运用 5G 技术实现车路协同，基于大数据技术进行路径优化与系统调度，以满足在公开道路、园区、楼宇等场景的即时配送需求
低速无人配送车"小袋"	该无人车定位于解决室外封闭园区的配送需求，其装备了激光雷达、摄像头、超声波雷达、GPS 设备、惯性测量单元件等各类传感器，通过成熟的系统和算法进行感知、定位和决策规划，能够在行驶过程中规避行人、车辆等障碍物，实现安全行驶
室内配送机器人"福袋"	该无人车定位于解决室内配送需求，其具有高精度的定位功能，包括惯性传感器等，从而保障无人车自身的安全

美团基于以上 3 种无人车的优势和能力将其投产应用于相匹配的场景，大大提升配送效率和用户体验。比如，在 24 小时配送的夜间场景中，无人车配送能更有效地解决美团外卖小哥人手不足的问题。因此，无人车与配送人员相辅相成的"人车混送"模式可以最大地发挥各自的优势，丰富用户的体验，真正实现"美团外卖"的服务目标。

二、智能技术在物流运输环节的应用

物流运输中实现信息透明化、可视化是目前智慧物流调度管理系统的基本功能，基于计算机网络、GPS、GIS、物联网等多种技术，结合智慧物流、智慧供应链管理思想，在物流活动过程中实现运输车辆定位、车辆实时调度、运输物品监控及其可视化监控管理等功能，能够实现整个物流与供应链的透明化与可视化，实现对物流资源更加合理有效的配置，提供高效、准确的物流服务。

（一）智慧运输过程中的可视化技术

智慧运输过程中采用多种先进技术来实现信息的透明性和可视化，具体包括以下几种。

1.RFID 系统

射频识别（Radio Frequerncy Identification，RFID）是一种无线通信技术，无须在识别系统与目标之间建立机械或光学接触，即可通过无线电识别讯号识别特定目标并读写相关数据。射频识别系统由电子标签、天线、识读设备、数据交换系统组成。电子标签由耦合元件及芯片组成，每个电子标签具有电子编码，其扩展词条唯一。

硬件系统设置在货物通行的地方，电子标签附着在目标对象上并通过天线将射频信息传递给识读设备；当货物通过时，识读设备接收电子标签发出的信号，对货物电子标签和数据交换系统进行更新和改写。

RFID 技术能够让物品"开口说话"，这就赋予了物联网可跟踪性，即人们可以随时掌握物品的准确位置及周边环境。据某零售业分析师估计，RFID 技术的这一特性可使沃尔玛每年节省 83.5 亿美元，其中大部分是免去人工查看条码的劳动力成本。RFID 技术帮助零售业解决了商品断货和损耗（因盗窃和供应链被搅乱而损失的产品）两大难题，目前在沃尔玛单是盗窃一项，一年的损失就近 20 亿美元。

2. 微机电系统

微机电系统（MEMS）是由微传感器、微执行器、信号处理和控制电路、通信接口和电源等部件组成的一体化微型器件系统，是比较通用的传感器。其目标是把信息的获取、处理和执行进行集成，组成多功能的微型系统，集成于大型系统中，从而使系统的自动化、智能化程度和可靠性水平得到大幅度提高。

MEMS 赋予了普通物体新的"生命"，有了属于自己的数据传输通路、存储功能、操作系统和专门的应用程序后，它们形成了一个庞大的传感网，这让物联网能够通过物品来实现对人的监控与保护。例如，遇到酒后驾车的情况，如果在汽车和点火钥匙上都植入微型感应器，当司机在酒后拿出汽车钥匙时，钥匙能通过气味感应器察觉到酒精浓度异常，随即通过无线信号通知汽车"暂停发动"，使汽车处于休息状态，同时通过司机的手机向其亲朋好友发送短信，告知位置信息，提醒亲友尽快来处理。这就是物联网世界中"物化"的结果。

3.M2M 系统框架

M2M 是 Machine-to-Machine 的简称，是一种网络化的、以机器终端智能交互为核心的应用与服务，能够实现智能化控制。该技术分为五个重要部分：机器、M2M 硬件、通信网络、中间件及应用。M2M 技术可以依据传感器网络获取的数据，基于云计算平台和智能网络进行决策，改变对象的行为，进行控制和反馈。

以智能物流货场为例，当车辆驶入或驶出天线通信区时，天线与电子识别卡以微波通信的方式进行双向数据交换，分别从车卡和司机卡上读取车辆及司机的相关信息，并判断车卡的有效性和司机卡的合法性；核对车道控制电脑显示的车牌及驾驶员等资料信息，电脑自动将通过时间、车辆和驾驶员的相关信息存入数据库，根据读到的数据判断是正常卡、未授权卡、非法卡还是无卡，据此做出回应和提示。

4. 地理信息系统

地理信息系统（Geographic Information System，GIS）综合了地理学、计算机科学、测绘遥感学、环境科学、信息科学和管理科学，以地理空间为基础，利用地理模型的分析方法提供多种空间动态的地理信息，为有关决策服务。

GIS 的作用主要体现在以下几个方面。①定位。研究对象位于何处，周围环境如何，对象间相互关系如何。②条件。哪些地方符合某项事物（或业务）发生（或进行）的特定经济地理条件。③趋势。研究对象或环境发生了什么样的变化，演变趋势如何。④模式。研究对象的分布存在哪些空间模式。⑤模拟。假设条件下研究对象会发生哪些变化，引起怎样的结果。GIS 最明显的作用就是把数据以地图的方式表现出来，实现物理位置和电子地图显示点之间的对应，把空间要素和相应的属性信息组合起来制作出各种类型的信息地图。

GIS 在物流领域中的应用主要是利用其强大的地理数据功能来完善物流分

析技术，合理调整物流路线和流量、设置仓储设施，科学调配运力，提高物流效率。完整的 GIS 物流分析软件集成了车辆路线模型、最短路径模型、物流网络模型、分配集合模型和设施定位模型等。

物流网络模型可解决货物路径问题，也就是物流网点布局问题。分配集合模型可以确定服务范围和销售市场范围等。设施定位模型可确定一个或多个设施的位置，如在既定区域内设置每个仓库的位置、规模及各仓库之间的物流关系。GIS 在物流领域的应用可以使企业合理分配各种资源，提高运营效率和经济效益。

5. 全球定位系统

全球定位系统（Global Positioning System，GPS）是具有全球性、全能性（陆海空）、全天候性优势的导航定位、定时、测速系统。GPS 在卫星能够覆盖的地区定位简单、经济实惠，可以实现对大多数路面的定位。其在物流领域的应用主要体现在以下两个方面。

（1）货物跟踪调度、车辆定位

可以通过 GPS 和计算机网络实时收集全路列车、机车、集装箱及货物的动态信息，实现对陆运、水运、空运货物的跟踪管理。只要知道运输工具编号就可以立即从运输网络中找到车辆或船舶，知道它们所处的位置、距离目的地里程以及所运货物的信息。GPS 的应用可以大大提高物流运营的准确性和透明度，为客户提供更高质量的服务。

（2）与 GIS 结合解决物流配送问题

物流配送功能包括订单管理、仓储、装卸、递送、报关、退货处理、信息服务及增值业务等，全过程控制是配送管理的核心。供应商需要全面、准确、动态地把握各个中转仓库、经销商、零售商以及各种运输环节之中的产品流动状况，并据此制订生产和销售计划，及时调整市场策略。GPS 和 GIS 相结合能够实现动态监控和调配，进而建立面向全过程的物流服务管理体系。

（二）智慧运输过程中的物流调度管理系统应用

应用以上先进技术，物流企业可以在每辆配送车上安装 GPS 或带有独立系统电源的 RFID 钢质电子锁，在每件货物的包装中嵌入 RFID 芯片。企业与用户都能登录可视化的物流调度管理系统来了解车辆与运输货物的所处位置及其环境。

另外，在物流运输过程中，还可依据用户需求，对货物进行及时调配，防止货物的遗失、误送等，实现货物运输全过程的实时监控。利用系统积累的数据，建立优化模型，对历史数据进行分析、挖掘，可以在评估货物配送方案、预估配送时间、优化运输路线、缩短中间环节、节约运输时间等方面为用户提供决策支持。

以京东为例，京东运输管理系统，即赤兔系统，通过技术手段实现了运输业务的信息化管理，形成了公司级的运输管理平台，将运输运营、车辆调度、地图监控等业务集成，实现运输运营数据分析及运营调度管理的智能化，从而满足各项业务的运输要求。

赤兔系统提供了丰富完善的运输业务服务，主要包括数据层、业务层、分析层和对外开放层四个层面，数据层即软件和硬件基础，系统通过维护车辆、司机、线路基础数据，安装、绑定北斗 /GPS/ 车载终端硬件设备，实现底层数据的建设搭建。业务层是运输业务的核心，主要实现了智能管车、智能调度、运输运营、承运商资源池、财务结算、过程监控与 KPI 考核等功能，进而实现仓储配送运输的全业务管理。分析层将实体业务运营过程采集的各项数据从多维度进行分析及展现，帮助管理者进行决策，如司机驾驶习惯分析与培养、基于天气与路况的线路推荐、车辆运行安全监控与预警等。除京东内部运输运营外，系统也对外提供运输开放平台，实现运输业务社会化、资源信息共享化的运输生态。

赤兔系统实现了运输服务统一化、数据采集智能化、操作流程标准化和跟踪监控透明化，帮助配送运输环节提高效率、降低成本。通过智能数据采集与分析技术，自动采集运输过程中车辆 GPS、OBD（车辆诊断系统）、油耗、ETC（电子不停车收费）等关键数据，实时跟踪运输状态和货物状态，遇到异常情况及时调度，尤其注重对三方承运商的运输监控，降低包裹丢失率和破损率，避免损失。

第二节　智能技术在物流仓储与协同环节的应用

一、智能技术在物流仓储环节的应用

智能技术在物流仓储中的典型应用是智能仓储系统，其是由立体货架、有轨巷道堆垛机、出入库输送系统、信息识别系统、自动控制系统、计算机监控系统、计算机管理系统以及其他辅助设备组成的智能化系统。综合了自动控制、自动输送、场前自动分拣及场内自动分拣，通过货物自动录入、管理和查验货物信息的软件平台，实现仓库内货物的物理运动及信息管理的自动化及智能化。

智能仓储系统的应用保证了仓库管理各个环节数据输入的速度和准确性，确保企业合理保持和控制企业库存，有利于提高仓库管理的工作效率。智能仓储系统中采用了大量的智能技术，下面进行详细阐述。

（一）智能仓储系统中的智能技术

智能仓储系统中的先进技术主要应用在货物搬运、码垛及分拣，库存盘点等方面，涉及的智能设备主要有自动导引车、码垛机器人、自动分拣机等。

1. 自动导引车

自动导引车（Automated Guided Vehicle，AGV）是一种柔性化、智能化的全自动物流搬运机器人。AGV通过电磁或光学等自动导引装置沿规定的路径行驶，具有安全保护以及各种移载功能。智慧搬运与拣选作业系统可以利用AGV进行物流搬运，能够实现与其他物流系统的自动连接，实时监控，大大节约劳动力，降低人工成本，显著提高劳动生产率。AGV有以下几项优势。

（1）极高的可靠性

AGV按预先设定的路径行驶进行物料搬运，因此，不会与加工设备或其他障碍物发生碰撞，几乎不会造成产品或设备的损坏。当一台AGV出现故障时，其他AGV不受影响，并能够使系统继续保持高度的可利用性。

（2）节能环保

AGV 的充电装置和驱动系统耗能较小，能量利用率高，另外 AGV 的噪声较小，能够最大限度地节约能源和减少环境噪声。

（3）占地面积小

能够在各个车间穿梭往复。AGV 控制系统包括地面控制系统、车载控制系统及导航导引系统。地面控制系统主要负责分配任务、车辆调度、路径管理、交通管理、自动充电等；车载控制系统在收到地面控制系统的指令后，负责导航计算、导引实现、车辆行走、装卸操作等；导航导引系统为 AGV 单机提供绝对或相对位置及航向。AGV 在移动过程中需要与平台保持实时连接，接收平台下发的指令，保障数据实时传输，避免小车在行驶中发生事故。

2. 码垛机器人

码垛机器人用于在工业生产过程中执行大批量工件和包装件的获取、搬运、码垛、拆垛等任务，集机械、电子、信息、智能技术、计算机科学等应用原理于一体，可以集成在任何生产线中，为生产现场提供智能化、自动化、网络化的服务，实现多种作业码垛。在物流系统中，码垛机器人可以完成物料在托盘上的码垛。

码垛机器人不仅能够长时间连续作业，其速度、精度以及负重能力都优于人工作业。随着国内劳动力成本的上升，物流行业对码垛机器人的需求也大幅提升。尤其是近年来，手爪夹具等关键部件的技术进步大大提高了码垛机器人的码垛效率和适应性，使其可实现对不同规格尺寸物料的抓取。目前码垛机器人本体技术相对成熟，为使其物流应用更高效，当前的发展更倾向于高效、可靠的夹具研发。近年来通过利用可靠的整层抓取夹具，码垛机器人实现了整层码垛，单台作业效率超过 2500 件 / 小时。

3. 自动分拣机

商品的到达、卸货、分类、存储、出货、发出等作业都要通过复杂程度不同的自动分拣机。自动分拣机可以尽快将这些商品卸下，并按商品品类、货主、储位或发送地点进行准确分类，随后运送到指定地点，如货架、加工区域、出货站台等。

自动分拣机是利用自动控制技术完成产品分拣与运输的输送设备，是智能配送中心必需的设施之一，一般由控制装置、自动识别系统、分类装置、输送装置及分拣道口组成。

（1）控制装置

处理和控制整个分拣系统的指挥中心，主要负责将分拣信号（脉冲信号）传送到相应的分拣道口，指示启动分拣装置把被拣商品送入分拣道口。

（2）自动识别系统

物料能够实现自动分拣的基础系统。广泛采用的自动识别系统包括条码系统和无线射频系统。当物料在扫描器可见范围时，自动识别系统可自动读取其条码信息，同时感知其在分拣机上的位置信息，将这些信息自动传输到后台计算机管理系统。

（3）分类装置

根据控制装置的分拣指示，在商品经过该装置时改变其在运输装置上的运输方向，使商品进入不同分拣道口。

（4）输送装置

主要是传送带或输送机，一般要连接若干分拣道口，主要作用是使待分拣商品通过控制装置、分类装置，从主运送机滑下，以便进行后续作业。

（5）分拣道口

已分拣商品脱离运送机进入集货区域的通道，使商品从主运输装置滑向集货站台，进行后续作业，如入库、储存、组配、装车。

（二）智能机器人在京东物流仓储中的高效应用

随着电子商务的蓬勃发展，物流仓储行业面临着前所未有的挑战，尤其是在处理大量订单、提高拣选效率、减少错误率以及优化库存管理等方面。智能技术的引入，尤其是智能机器人的应用，为这一行业带来了革命性的变化。京东物流，作为中国领先的电子商务和供应链解决方案提供商，是智能物流技术应用的典范。其智能仓储系统通过集成先进的机器人技术，实现了仓储作业的自动化、智能化，显著提升了运营效率和服务质量。以下是对京东物流智能机器人应用的一个具体案例分析。

1. 智能机器人技术应用

（1）AGV 与自主移动机器人（Autonomous Mobile Robot，AMR）

在京东的无人仓中，AGV 和 AMR 承担了货物搬运的重任。AGV 沿着预设的磁条或二维码路径移动，负责将货物从存储区运送到拣选区或包装区。而 AMR 则更加智能，能够自主规划路径，避开障碍物，灵活适应仓库内部环境的变化。这两种机器人的使用，大大减少了人工搬运的需求，提高了仓库空间利用率，同时降低了员工的劳动强度。

（2）分拣机器人

京东的分拣机器人，如"小黄人"分拣系统，通过视觉识别和二维码扫描技术，可以自动识别包裹的目的地，并将其准确投放到相应的滑槽中，进行快速分拣。这种高度自动化的分拣方式，每小时可处理数万件包裹，且准确率高达 99.99%，极大地提升了分拣效率和准确性。

（3）智能穿梭车

智能穿梭车系统在京东的高密度存储区域发挥着重要作用。它们能在密集的货架间自动穿梭，根据系统指令精准提取或存放商品，实现对高密度存储区域的高效利用。与传统叉车相比，穿梭车能大幅提高存取速度，减少行走距离，进一步优化库存布局和管理。

（4）无人机配送

虽然不属于仓储直接范畴，但京东的无人机配送项目也是其智能物流体系的重要组成部分。在偏远地区或紧急情况下，无人机可以跨越复杂地形，迅速完成"最后一公里"的配送任务，进一步缩短了配送时间，提升了用户体验。

2. 成效与影响

京东物流智能机器人的广泛应用，带来了显著的经济效益和社会效益。首先，自动化程度的提升使得仓储效率大幅提高，处理订单的速度和准确性得到质的飞跃。在"双 11"等高峰期，智能仓储系统有效缓解了订单激增带来的压力，保证了服务质量。其次，人力成本得到有效控制，员工被解放出来从事更高级别的工作，如系统监控和维护，促进了人力资源的优化配置。最后，智能技术的应用也推动了环保和可持续发展，通过优化路线和减少无效运输，降低了碳排放。

二、智能技术在供应链协同环节的应用

供应链协同是指在供应链系统中各个节点企业之间能够实现协同运作，达到"共赢"的目标。因此，就需要构建公平、公正的利益共享、风险分担的合作机制，在承诺与信任、合作与共担协议基础上加强合作。而通过智能技术的共享平台建设，可以实现供应链上信息的及时共享，进行面向客户需求的实时反应和成员间协同运作的集成业务流程。目前供应链系统是一个以客户需求为导向的拉式系统，即客户需求是驱动整体供应链运作的起点。因此，很多人工智能、智慧技术等在供应链协同环节的管理应用主要聚焦在供应链的下游，如零售端、配送端等，但目前已经逐步向供应链上游的制造端、供应端转移。

（一）京东的供应链全链路控制塔

目前供应链控制塔产品的典型代表是京东与雀巢联合打造的供应链全链路控制塔。京东的供应链全链路控制塔以实现品牌商全链路、全渠道的供应链计划和供应链运营监控为目标，利用数据化、精准化、可视化的平台管理模式，帮助雀巢实现销售监控、补货预测、库存管理、订单管理以及物流管理功能五大需求，并强化双方间的供应链智能化无缝链接。

1. 销售监控方面

传统的销售流程较复杂，但供应链全链路控制塔可以从时间方面、商品方面、销售渠道方面对产品进行展示和监控，帮助雀巢及时了解销售情况，制订合理的销售计划。

2.补货预测方面

供应链全链路控制塔的补货预测系统可以对未来 3 个月的各品牌、品类产品的采购计划进行预测。一方面，雀巢可以利用未来 3 个月的补货计划，合理安排生产，协调产品备货。另一方面，雀巢可以根据供应链全链路控制塔的补货预测，对消费者需求进行预测，合理安排生产，提高产品销量。

3.库存管理方面

京东的供应链全链路控制塔可实时展示雀巢品牌在京东各仓的存货周转率、现货率、滞销商品占比等核心库存指标。供应链全链路控制塔通过可视化信息，帮助雀巢合理地管理库存。

4.订单管理方面

通过供应链全链路控制塔，雀巢采购货品的总数量、在途数量、待确认数量实现了数据展示，方便企业的订单管理。同时，京东通过系统可以实现自动订单，方便品牌商管理。

5.物流管理方面

京东的供应链全链路控制塔中的物流管理系统可以让商品的销售去向可视化，帮助雀巢查看旗下众多品牌、品类在各个区域的订单占比及市场渗透率。同时，物流信息的实时反馈也能让品牌充分了解区域库存布局的盲点，让雀巢可以更好地感知市场需求，优化供应链布局。

（二）上海科箭的供应链控制塔

上海科箭软件科技有限公司（以下简称"上海科箭"）成立于 2003 年，是一家供应链云服务提供商。其主要的供应链管理云平台是 Power SCM Cloud，该云平台的功能包括五部分，即整合订单管理（OMS 云）、运输管理（TMS 云）、仓储管理（WMS 云）、预约管理（AMS 云）、供应链控制塔（SCCT）的云解决方案。而其业务是帮助企业构建敏捷、高效与智慧能力的数字化供应链网络，实现供应链全流程可视化。

上海科箭的产品总监曾表示，利用新技术企业做到内外部连接仅仅是第一步，连接后产生大量的供应链数据，基于数据如何发挥更大价值是上海科箭一直探索的目标。

该控制塔不仅具有分析可视化管理功能，还具有事件管理、决策支持和业务优化功能。供应链控制塔的发展定义为四个阶段，即可视阶段、预警阶段、决策支持阶段和自主性阶段。可以看出，上海科箭推出的供应链控制塔已经发展到第三阶段，且在向第四阶段迈进。

Power SCCT 的主要功能包括以下几个方面。

1. 分析可视化管理

通过对企业业务数据多个维度的分析展示，帮助供应链上各个参与方及时了解供应链的当前状况，实现供应链端到端整体的可见性。

2. 事件管理

在系统中通过预先设定的评价指标，对企业业务执行过程进行监控和预警，包括后续一系列的处理过程与监管，以实现及时的响应和干预调整。

3. 决策支持

通过对企业业务数据的模拟分析，帮助决策者快速决策或调整运营与发展方向。

4. 业务优化

通过人工智能、大数据、云计算等技术支持，帮助供应链企业完成诸如网络布局、需求预测、运输与库存等供应链运营中的优化问题。

具体地，以上海科箭 Power SCCT 中事件管理功能为例，若在企业业务运营中发生了承运商提货延迟的事件，就能在事件管理功能内及时反馈，并及时通知相关业务的管理者。这里的事件管理与传统的事后管理不同，其是一种事中管理，也就是通过该控制塔的计算和预测，针对事件及时干预且采取应急措施，实现事中预警功能。该控制塔提供了供应链数据大屏，以解决业务可视化的问题。这里的可视化不仅包括业务数据的可视化，还包括整个供应链业务过程的可视化，即从订单、仓储、运输直至结算与支付整个过程，保证整个流程的完全控制。该控制塔还具有强大的数据分析能力，即除了做可视化展示，客户还能够通过分析历史数据，了解当前供应链业务的发展规律。

上海科箭推出的 Power SCCT，已经引入多家企业进行实际测试合作。该控制塔能帮助企业进一步应对供应链管理中的挑战，并减少与及时预警供应链运营中出现的各类不确定因素，以实现数字化供应链下供应链的绩效目标。

（三）易流科技的供应链控制塔

易流科技提出的供应链控制塔是通过软件和硬件产品集成得出的。

其具体由擎天数据中心、梵天优化引擎、All in One 看板 3 个模块组成。擎天数据中心对原有被称为"孤岛"的多个信息系统，架设了高质量的桥梁，海量数据通过擎天数据中心进入控制塔，而梵天优化引擎是依据易流科技丰富的行业积累，利用擎天数据中心的数据与计算能力，为供应链物流的运营层面和管理层面提供相关的优化模型。在 All in One 看板中，企业高层管理者通过全景式的表现视界，可以实现对企业整体供应链的监测、控制与部署优化。该解决方案不仅具有易流科技的成熟技术能力，还融合了最新的先进技术，因此，推出的供应链控制塔可从全链透明化、全盘优化及全景视界三个方面来推动供应链企业实现全面数智化。

第三节　智能技术在供应链预测与分析环节的应用

一、进行供应链预测与分析的技术

（一）数据仓库

数据仓库（Data Warehouse，DW）是专为支持管理决策设计的一种数据库管理系统，是一个面向主题的、集成的、时变的、非易失的数据集合。数据仓库是一个非常庞大的数据库，数据来源于不同生产运营系统，为建立一个跨部门、跨业务流程的综合决策分析系统而形成一个数据集合体。

基于数据仓库的在线分析包括：从企业已有的各类数据库中提取数据，比如从市场数据库与订单数据库、客户交易数据库、供应链数据库和 ERP 数据库中提取数据，因为这些数据库中数据统计的标准不一定是统一的，需要按照分析的主题进行清洗与标准化的工作，之后按照分析主题形成一个集成的数据仓库。

最后，应用一些统计方法进行数据分析，形成辅助管理者决策的依据。

基于数据仓库的在线分析主要有以下几个方面的特征。

1. 集成性

一个企业数据仓库的数据可以来源于企业内部的 ERP 数据库、客户交易数据库、市场数据库、订单数据库、供应链数据库等，是集成性的。

2. 主题性

数据仓库的集成性并不是对来自各个业务数据库系统所有数据的一个简单归并，而是根据决策的问题主题提取数据的过程。比如销售主管为了比较分析客户近三年历史同期销售量，就需要数据仓库从客户交易数据库中提取出近三年的所有销售数据，放入数据仓库。

3. 时变性

因为这些数据来源于不同的数据库系统，数据格式可能不同，就需要数据的标准化处理。为保持最新数据，数据仓库还需要定期接收增加的新数据。定期加入新数据及删除不再需要的旧数据称为数据的净化，这就是数据仓库的时变性。

4. 非易失性

为了分析决策的需要，数据仓库中的数据一般包含 5 ～ 10 年有价值的数据和历史数据，定期进行更新，但又保持足够量的分析数据，具有非易失性。

（二）数据挖掘技术

数据挖掘是一种上年度的数据分析技术，它的出现基于需求拉动，因此，它的定义分为两方面，即技术性定义和商业性定义。数据挖掘的技术性定义指从大量的、不完全的、有噪声的、模糊的、随机的实际应用数据中，提取隐含的、人们事先不知道的，但又是有用的信息和知识的过程。而数据挖掘的商业性定义指一种新的商业信息处理技术，其主要特点是对商业数据库中的大量业务数据进行抽取、转换、分析和其他模型化处理，从中提取辅助商业决策的关键性知识。

数据挖掘技术从本质上说都是一类深层次的数据分析方法。其定义可以描述为：按企业确定的业务目标，对大量的企业数据进行探索和分析，揭示其中隐藏的、未知的或验证已知的规律性，并进一步将其模型化的先进有效的方法。

进一步，数据仓库是数据挖掘的基础，数据挖掘技术是用户基于数据仓库进行的数据提取、分析和查询的决策工具。

数据挖掘的任务一般可以分为两类：描述性挖掘任务和预测性挖掘任务。描述性挖掘任务刻画数据库中数据所体现的一般特性；预测性挖掘任务是在当前数据上进行推断，以进行预测。数据挖掘的过程就是根据商业应用需求，获取大量的相关数据进行预处理和转换，并采用数据挖掘技术完成挖掘任务。

数据挖掘过程分为选择数据、预处理数据、转换数据、挖掘信息以及表达和解释 5 个阶段。

（三）机器学习技术

机器学习技术就是使用计算机模拟人类的学习活动。该技术是研究计算机识别现有知识、获取新知识、不断改善性能和实现自身完善的方法，属于一个多学科领域。

当前机器学习技术围绕以下 3 个主要研究方向开展。

1. 面向任务

面向任务即在预定的一些任务中，分析和开发学习系统，以便改善完成任务的水平。这是专家系统研究中提出的研究问题。

2. 分析模拟

分析模拟主要研究人类学习过程及计算机的行为模拟过程。这是从心理学角度研究的问题。

3. 理论分析的研究

理论分析的研究即从理论上探讨各种可能学习方法的空间和独立于应用领域之外的各种算法。

传统机器学习技术主要有决策树、神经网络、贝叶斯学习等，而在目前大数据环境下，机器学习技术已经向着智能数据分析方向发展，并且包括各种数据分析类型，如文本情感分析、主题词的文本挖掘、视频与图形数据分析、图像检索与理解等。目前机器学习技术主要应用在金融、市场营销、网络分析和电信等领域。例如在市场营销领域，机器学习技术较广泛地应用于分类型和关联型任务，许多电子商务平台通过机器学习技术获得消费者的信息，根据信息为消费者画像，了解顾客偏好，进而制定出更加符合顾客需求的销售策略。

二、智能技术供应链预测与分析中的应用

目前大数据、云计算、人工智能、机器学习等技术的发展，促使供应链企业建立了强大的技术分析工具体系，帮助企业从顾客需求出发，结合自身发展目标，为企业实现智能化的决策提供支持和帮助。下面简述两个智能技术在供应链预测与分析中的应用实例。

（一）欧睿数据的应用

欧睿数据是一家专注于时尚商品大数据挖掘和应用的公司。欧睿数据自成立以来，先后为多家国内外知名的时尚企业提供数据、算法、智能商品管理等解决方案。欧睿数据坚持以"需求驱动时尚业供应链数据智能服务"为核心，围绕"经营计划""需求预测""分货销补""供应链计划"等多个领域为时尚企业打造 oIBP（欧睿数据）智能商品管理解决方案。

FMDS（oIBP 时尚业全渠道智能商品管理解决方案）紧抓时尚品零售企业的销售瓶颈无法突破、成本增长大于销量增长两大基本痛点，以消费者需求为核心，在数据中台的基础上，对时尚品零售企业线上线下的订单数据、销售数据、CRM 数据、电商平台数据、行业大数据、天气数据、地理数据、竞争对手数据、

区域消费群大数据等进行分析和挖掘，对经营计划制订、品类结构安排、未来销售预测、季中补货追单、大促活动优化、生产采购计划等进行决策指导，进而实现活动智能选款、动态定价优化、精准商品推荐，构造商品数据分析的微服务，最终实现商品体系、营销体系和供应体系的完美匹配。

（二）阿里巴巴的供应链中台的应用

供应链中台是数字化供应链中的核心产品。传统供应链中，计划、采购、生产、物流等主要基于 ERP 进行串联，而在智慧供应链中，供应链整体的信息化、系统化、互联网化主要基于供应链中台来实现。采用中台架构的数字化供应链，应用互联网的思维和技术，企业的数据就可以做到实时在线、统一和互联互通，就可以保证企业在库存共享、全渠道订单交付、价格管理、分销体系及客户需求管理等供应链运营中具有更好的绩效。

阿里巴巴的供应链中台从不同工作台的视角，涵盖从计划、采购、履约、库存到结算的全部业务。在数据域应用架构上，设置了不同的规则、应用模型及算法模型。而在实体域数据架构上，根据实际将供应商、商品、订单、库存、结算、会员和模式等全面数字化，形成了底层的数据架构，支撑上层各个业务的运行。

供应链中台帮助零售产业链上各个角色解决面对不同消费群体的需求分层问题，能使其自身供应链适应市场需求并保证利润；同时还可根据市场需求进行供应链网络的渠道化改造，以满足不同商家群体需求并确保盈利。进一步，卖家可通过供应链中台的全链路可视化来分析了解市场动态，实时跟踪供应链的成本和效益，及时调整自身的供应链需求计划，保证资源的最优配置，制定更靠近消费者的产品差异化策略。

与传统供应链相比，阿里巴巴的供应链中台能够取得更加精准的销量预测，供应链上下游的各个企业实现更高效的计划协同，更平稳的库存管理，以及更优化的网络资源配置，打破了传统供应链分散割裂的信息孤岛，重塑了整条链路，实现了全渠道信息共享和联动。

目前阿里巴巴供应链中台为 2.0 版本，核心能力主要包括以下三个方面。

1. 智能预测备货

供应链中台能帮助业务员根据历史成绩、活动促销、节假日、商品特性等数据预测备货，有效减少库存。

2. 智能选品

供应链中台可以智能化诊断当前品类结构，优化品类资源配置，实现商品角色自动划分、新品挖掘、老品淘汰等全生命周期智能化管理。天猫电器城接入智慧供应链之后，对黑色家电进行商品生命周期调整、挖掘新品潜力，并快速优化商品品类结构，使黑色家电成交额增长了3倍以上。

3. 智能分仓调拨

供应链中台将需求匹配到距消费者最近的仓库，尽量减少区域间的调拨和区域内部仓库之间的调拨，同时优化调拨时的仓配方案，最大化降低调拨成本。天猫超市使用供应链中台智能调拨策略后，前置仓库存周转天数降低了15%以上，在架率提升了10%以上。

第四节　智能技术在智慧供应链金融中的应用

供应链金融是指供应链中企业之间的融资优化和融资流程，通过与客户、供应商和服务提供商的整合来提高所有参与企业的价值。供应链金融还可以定义为以供应链上核心企业为中心，包括其上下游企业的供应链整体，并依托于核心企业，以真实贸易为基础，通过自偿性贸易融资，进行应收账款质押、货权质押等操作，对资金流实现封闭管理，控制货物权，并对供应链中的上下游企业提供综合金融服务。供应链金融模式分为应收账款类业务模式、预付账款类业务模式、存货类业务模式。

供应链金融是为了满足中小企业、小微企业在生产经营过程中的资金需求而提出的。目前在先进信息技术及互联网支持下，供应链金融与传统行业实现深度融合，创造出智慧供应链金融的创新应用。

一、基于互联网平台的供应链金融模式

构建基于互联网平台的供应链金融模式，一般是依托线上的公共平台，包括各个参与主体、相关的信息化平台及其具体业务的流程。以银行供应链金融平台为核心，平台系统通过自行审核与评定参与企业的准入门槛、信用评价、订单核查、贷款额度审定与贷款发放、货物仓单监管与后期风险监控等，实现供应链上的核心企业、其上下游企业等多方在信息平台上的对接，达到信息共享与资源共享的效果。

以下游企业作为融资主体为例，其运营流程为：参与主体在平台进行注册，完成实名认证；下游企业与供应链上的核心企业进行交易，下游企业将核心企业的订单通过银行供应链金融平台完成审核鉴定，且可将未来的货权作为质押，为降低企业的经营风险，借款主体往往自发地或者应借款银行要求，向某一保险企业投保，即根据仓单金额给予评价进行投保，一旦发生违约事项，将会根据合同条款，由保险企业赔付；物流企业会通过该平台来掌握当前货物的情况及其借款企业所提取的货物比例，并将自身的报价系统与该平台进行对接，为银行等金融机构估值提供依据；银行从该平台上实时调取各环节的信息，对风险进行及时监控；银行对各企业交易环节的大数据进行分析，根据各参与主体的贸易习惯和经营往来进行数据挖掘，并依据挖掘结果，对参与企业进行免担保、免抵押的预授信，实现供应链金融产品的稳健发展。

以上基于互联网平台的供应链金融模式被成功应用于天津海吉星农产品物流有限公司（以下简称"海吉星公司"）。海吉星公司隶属于深圳市农产品集团股份有限公司，其所承建并负责运营的天津翰吉斯国际农产品物流园，是由深圳市农产品集团股份有限公司与法国翰吉斯国际农产品批发市场强强联合共同打造的，其最大特点就是绿色交易。

由于农产品的特殊性，在供应链贸易过程中往往都是现金支付，无预付款和应收账款，而较多农产品的种植和生产常常是季节性的和周期性的，故会造成商户的临时性资金短缺与商品堆积，于是，海吉星公司下游商户的供应链金融产品中常常是存货类供应链金融业务。

农产品属于非标准化商品，其规格、品质等都难以实施标准化管理，常常是以大宗商品价格来对农产品进行粗略价值评估。另外，因为农产品的应季性很强，而保质期极短，供应链上借款的企业一旦出现经营性的风险问题，银行就很难及时对抵质押仓单进行处理，导致银行很难以仓单质押的模式对相关企业进行授信。尤其是经营农产品的企业，其上游一般是广大农户，而下游客户是广大市场消费者，它们在农产品的经营与生产中很难依靠供应链的核心企业信誉资质进行融资。因此，海吉星公司与天津建设银行合作，构建了一个基于互联网平台的融资模式，这样可以对通过海吉星公司交易的所有商户经营情况进行大数据分析，且针对长期经营良好的、有历史经营数据支撑的企业给予纯信用的授信。

主要包括以下几个方面。①海吉星公司的商户向天津建设银行和海吉星公司分别提交相关材料，在天津建设银行开立结算账户且在海吉星公司注册会员，完成实名认证工作。②海吉星公司利用自己的金融平台维护相关客户信息，生成会员账号。③天津建设银行结算商户的交易账户，并与海吉星金融平台账户实现签约绑定。④海吉星公司的商户通过海吉星金融平台在市场中进行正常经营周转，生成历史交易数据。⑤海吉星公司的金融平台向天津建设银行反馈各个商户的交易信息，天津建设银行针对信息进行数据分析，以日均账户余额、交易量为商户提供一个预审批额度。⑥海吉星公司的商户从天津建设银行预审批额度中用企业网上银行进行线上支用贷款。

二、基于区块链技术的双链通模式

由于区块链技术具有透明性、不可篡改及可追溯性的特点，企业信用可以在供应链上进行信用传递。由此，阿里巴巴的蚂蚁金服通过结合供应链系统和区块链技术提出了"双链通"模式。

蚂蚁金服的"双链通"模式就是让供应链上的核心企业的企业信用可以在区块链上逐级流转，这样就使上游的中小企业获得了公平的普惠融资服务。

通过将供应链上的核心企业应收账款进行数字化升级，可以把该企业的应收账款作为贷款的信用凭证，在供应链中流转并传递给其上游的供应商，从而有效地解决供应链末端小微企业有关融资贵、融资难的问题。进一步，该平台还提供了基于金融级别的相关身份安全与商业交易安全认证，这也为企业在线零接触交易提供了较为完美的解决方案。

蚂蚁金服的"双链通"模式具有以下三大关键能力。

（一）大数据能力

大数据能力，这是"双链通"模式的一种核心资源和分析基础，因为其拥有相关行业内最大体量、最丰富维度的大数据。一方面，基于阿里巴巴长期的商业生态，蚂蚁金服在"强数据、强场景"过程中积累了大量的、多场景的相关数据；另一方面，通过支付功能将海量线下商户在线化，拥有了其他相关竞争者所没有的巨大数据来源，蚂蚁金服的业务也从线上走到线下。

大数据能力充分降低了结构性授信对供应链核心企业的依赖，且数据质押提高了贷款效率。因此，此种情景下商户的运营情况不仅受到其自身状况的影响，还会受到交易对手、产业链上下游企业等因素影响。在阿里巴巴的生态体系中，通过积累大量关联数据，蚂蚁金服可从各个维度来分析相关供应链的整体状态，并可用于判断需求方向、需求量、目标客户资信评估、风险分析、警示和控制或者用于精准金融和物流服务等领域的问题。

（二）场景驱动能力

蚂蚁金服的场景驱动能力其实是力求满足中小微企业全生命周期的场景需求来形成的个性化产品。具体是指将数据化授信的决策能力输送到各个相关场景中，结合"双链通"系统的金融能力和相关场景，推出体验更佳的创新产品。

（三）风险控制的建模能力

金融的竞争本质在于风险定价能力，蚂蚁金服可基于自己拥有的海量、非线性的数据构建各种模型来优化决策，辅助判断风险。

供应链金融的建模优化是对金融风控的创新应用，这使得中小微企业基于其交易历史等供应链数据，获得了更灵活、更高效的融资。一般地，风险控制模型是高度场景依赖型的产品，因此，每一数据维度都有可能影响风险控制模型的准确性。脱离原有场景的风险控制模型，是不是还继续有效，或者在传统金融机构的严格风险控制机制下，是否能够信任蚂蚁金服的风险控制模型产品的输出，这些都是蚂蚁金服面临的挑战。解决以上问题一方面依赖阿里巴巴长期积累的丰富大数据资源；另一方面也依赖于其场景的驱动能力。

第五章

大数据时代智慧物流与供应链信息技术与应用

第一节 智慧物流信息技术概述

一、智慧物流信息技术的概念及性质

物流信息技术是智慧物流发展的重要推动力。物流信息技术伴随着智慧物流的发展而发展，其应用范围不断扩大，同时也呈现出许多新的特点。

（一）智慧物流信息技术的概念与范畴

1. 物流技术

技术是指人类为满足社会生产需要，根据生产经验和自然科学原理逐渐形成的各种工艺操作方法与技能，其既可以表现为实物形态的工具、仪器及设备，又可以表现为抽象形态的设计图纸、说明，还可以以劳动经验、工艺技巧、作业方式等形式存储在人类的头脑中。

物流技术是指物流活动中所采用的自然科学与社会科学方面的理论、方法，以及设施、设备、装置与工艺的总称。其包括在采购、运输、装卸、流通加工和信息处理等物流活动中所使用的各种工具、设备、设施和其他物质手段，以及由科学理论知识和实践经验发展而成的各种方法、技能以及作业流程等。

物流技术从所涉及的范围来看，可以分为狭义和广义两种。狭义的物流技

术主要是指在物流活动中涉及的技术，如物品的包装、标识、实时跟踪技术和有关物流信息处理的技术。广义的物流技术不仅包括物流活动过程中的技术，还包括其他相关的物流技术以及物流技术的发展规律，如物流规划技术、物流效率分析和评价技术等。

从物流技术的内容来看，可以划分为实物流作业技术和物流信息技术。实物流作业技术主要包括包装技术、运输技术、储存保管技术、装卸搬运技术等；物流信息技术主要包括条码技术、RRID、GIS 和电子数据交换技术（Electronic Data Interchange，EDI）等。

按技术形态分类，可以分为物流硬技术和物流软技术。物流硬技术是指人们在物流活动中所使用的各种材料、物流机械和设施等，包括各种包装材料、运输工具、仓储设施以及服务于物流的电子计算机、通信设施等。物流软技术是指物流活动中所采用的由科学知识、劳动经验发展而成的各种技能、作业程序和现代管理方法等，包括物流系统规划技术、现代物流管理技术、物流系统评价技术和物流信息化技术等。

按物流系统的功能要素，物流技术可以划分为运输技术、仓储技术、装卸搬运技术、包装技术、配送技术、流通加工技术、物流管理技术和物流信息处理技术等。其中物流管理技术主要包括企业资源计划（Enterprise Resource Planning，ERP）、物料需求计划（Material Requirement Planning，MRP）、配送需求计划（Distribution Requirement Planning，DRP）、物流资源计划（Logistics Resource Planning，LRP）、订货点技术、准时制（Just in Time，JIT）等。

虽然从不同的角度可以将物流技术划分成不同类型，但在实践中各种分类方式是相互重叠的。因此在实际应用中不能简单地从某个角度认识物流技术，而应该综合、整体地看待。

2. 物流信息技术

信息技术（IT）是主要用于管理和处理信息的各种技术的总称。其主要是应用计算机科学和通信技术来设计、开发、安装和实施信息系统及应用软件，因此也常被称为信息和通信技术（ICT）。现代信息技术主要包括传感技术、计算机与智能技术、通信技术和控制技术等。信息技术的应用包括计算机硬件和软件、网络和通信技术、应用软件开发工具等。自计算机和互联网普及以来，人们日益广泛地使用计算机来生产、处理、交换和传播各种形式的信息（如书籍、商业文件、报刊、唱片、电影、电视节目、语音、图形、影像等）。

物流信息技术是指运用于物流各环节的信息技术。从构成要素上看，物流信息技术作为现代信息技术的重要组成部分，本质上都属于信息技术的范畴，只是因为信息技术应用于物流领域而使其在表现形式和具体内容上存在一些特殊性，但其基本要素仍然同现代信息技术一样，分为物流信息系统技术、物流信息应用技术和物流信息安全技术三个层次。物流信息系统技术是有关物流信息的获取、传输、处理、控制的设备和系统的技术，其是建立在信息基础技术之上的，是整个信息技术的核心，其内容主要包括物流信息获取技术、物流信息传输技术、物流信息处理技术及物流信息控制技术。物流信息应用技术是基于管理信息系统（MIS）技术、优化技术和计算机集成制造系统（CIMS）技术而设计的各种物流信息管理系统和物流自动化设备，例如，仓储管理系统（WMS）、运输管理系统（TMS）、配送优化系统等。物流信息安全技术，即确保物流信息安全的技术，主要包括密码技术、防火墙技术、病毒防治技术、身份鉴别技术、访问控制技术、备份与恢复技术以及数据库安全技术等。

物流信息技术是现代信息技术在物流各个作业环节的综合应用，是现代物流与传统物流的最大区别，也是物流技术中发展最快的领域，从数据采集的条码系统，到办公自动化系统中的计算机、互联网，各种终端设备等硬件以及计算机软件都在日新月异地发展。同时，随着物流信息技术的不断发展，产生了一系列新的物流理念和物流经营方式，推动着物流的变革。在供应链管理方面，物流信息技术的发展也改变了企业应用供应链管理获得竞争优势的方式。成功的企业通过应用信息技术来支持它的经营战略并选择它的经营业务，从而提高供应链的效率，增强整个供应链的经营决策能力。

物流信息技术的范畴伴随着信息技术和物流的发展而不断调整和变化。传统的物流信息技术主要包括计算机技术、网络技术、信息分类编码技术、条码技术、RFID、电子数据交换技术、卫星定位技术、GIS和智能技术等。近年来，随着物联网（Internet of Things，IoT）、云计算（Cloud Computing）、大数据（Big Data）、人工智能（Artificial Intelligence，AI）、区块链（Block Chain）等信息技术的快速发展及其在现代物流领域的应用，这些技术也逐渐被纳入物流信息技术的范畴。

3. 智慧物流信息技术

智慧物流综合运用新兴信息技术与现代物流管理理论，以实现物流系统的智能、高效、绿色、宜人为目标，以系统论、信息论、控制论和运筹学为理论基础，构建具有智能感知、学习、分析、推断、控制、决策能力的现代综合物流体系，全面提升物流系统数字化、网络化、自动化、智能化、宜人化服务水平。智慧物流是现代物流发展的高级阶段，已经成为数字经济时代产业数字化的重要推动力。

智慧物流信息技术是物流信息技术在智慧物流这一阶段的特定表述。借用物流信息技术的概念，可以将智慧物流信息技术定义为：运用于智慧物流各环节的现代信息技术，不仅包括传统的物流信息技术，还包括物联网、云计算、大数据、人工智能、区块链等新兴信息技术。

智慧物流信息技术同样可以分为物流信息系统技术、物流信息应用技术和物流信息安全技术三部分。本书以介绍物流信息系统技术为主，兼顾物流信息应用技术，而物流信息安全技术则不作为重点。

（二）智慧物流信息技术的性质与特点

智慧物流信息技术作为物流技术的子集，继承了物流技术的性质，同时也呈现出一些新的特点。

1. 应用性

应用性是物流技术的共性。首先，物流技术是与现实物流活动全过程紧密相关的，从这个观点说，物流技术是一种应用技术；其次，物流技术总是从一定的目的出发，针对物流建设与发展中存在的具体问题，形成解决方案，从而满足人们对物流在某些方面的需求。同时，在现代物流发展过程中，人类有目的、有计划、有步骤的技术活动推动了物流技术的不断发展，尤其是在当前，不断推动着智慧物流信息技术的发展。例如，对物品标识的需要，推动了条码、RFID 技术等在物流领域的应用；对物流情境全面感知的需要，推动着物联网、车联网等技术在物流领域的应用；对物流配送精准高效的需要，推动着卫星定位与 GIS 技术在物流领域的应用。

2. 开发性

开发性也可理解为创新性，是技术的共性。对于技术而言，创新是发展的核心，技术的发展需要创新，并且技术创新是一个艰难的历程。对于物流信息技术而言，必须与多样化需求相适应，制定规划以促进技术的发展，因此物流信息技术也有开发性的特点。在智慧物流的发展过程中，物流信息技术的开发性体现得更加明显。某项技术在物流领域的应用，必须结合具体的应用场景和需求，进行一定程度的开发和创新。例如，商品电子防盗系统（EAS）、便携式数据采集终端（PDT）等是基于 RFID 开发的结果；云计算的应用促进了物流云的形成。

3. 集成性

智慧物流信息技术的集成性体现在两个方面。一方面，单一的物流信息技术需要与其他技术集成才能发挥效能。例如，在物流信息管理过程中，数据采集技术需要与传输、存储、处理和应用等技术集成，形成完整的物流管理信息系统，以实现物流信息的全生命管理。另一方面，部分物流信息技术是多种技术集成的结果。例如，EDI 是计算机、通信和现代管理技术相结合的产物；无人仓中集成了无线传感器、人工智能和自动化控制等多种技术。

4. 交叉性

时至今日，传统单一技术类型已在逐渐减少，多项技术的融合以及跨领域结合的趋势越来越明显。多学科、多领域、多区域的合作对物流的影响是显著而深远的。例如，GIS 就是一门综合性学科，结合了地理学、地图学、数学和统计学、测绘科学以及遥感和计算机科学。智慧物流环境下，物流信息技术的交叉性更加明显。从学科层次上，传统的文科和工科的界线变得模糊，跨学科合作、多学科交叉已成为一种常态；从技术层面，多学科、多领域的交叉融合促进了物流信息技术的不断创新与发展，尤其是统计预测、智能管理（Intelligent Management, IM）、智能调度等技术的发展。例如，统计预测技术是统计学、数学和计算科学交叉融合的产物；智能管理是人工智能与管理科学、知识工程与系统工程、计算技术与通信技术、软件工程与信息工程等多学科、多技术相互结合、相互渗透而产生的一门新技术、新学科；物流中的智能调度依赖于具有高速计算性能的设备与最优的智能算法。

二、智慧物流信息技术的体系架构

智慧物流是基于物联网技术在物流领域的应用而提出的。参考物联网的三层体系结构，智慧物流系统由底至顶一般分为感知层、网络层和应用层三个层次。感知层负责信息的采集和初步处理；网络层负责信息的可靠传输；应用层负责数据的存储、分析与应用。

（一）智慧物流感知层技术

感知层是智慧物流系统实现对货物、物流设施设备、运行环境感知的基础，是智慧物流的起点。具体而言，又可分为物品编码与标识、物流定位与导航、状态感知与执行3个方面的功能目标，分别对应于三类技术。

1. 物品编码与标识技术

物品特指经济与社会活动中实体流动的物质资料。此处的物品泛指智慧物流系统中各种有形或无形的实体，主要包括流通的物品、物流设施、物流设备、企业资产等，是需要信息交换的客体。物品编码与标识主要解决智慧物流环境下的物品数字化管理问题，主要涉及物品编码技术、条码技术和RFID技术等。

全球范围内通用的物品编码体系是GS1编码体系，其为供应链中的不同层级的贸易项目（产品与服务）、物流单元、资产、参与方、服务关系、单据以及其他特殊领域提供全球唯一的编码标识及附加属性代码。然而，受编码池的限制，其中的全球贸易代码只能对某一类商品进行编码（典型应用是商品条码），而不能实现对单件商品的唯一标识，已经不能满足智慧物流建设与发展的需要。产品电子代码（Electronic Product Code，EPC）的出现较好地解决了这一问题。EPC编码是对 GS1 编码的补充，可以实现对零售商品、物流单元、集装箱、货运包装等所有实体对象的唯一有效标识，被誉为具有革命性意义的新技术。

物品编码本身只是一组字符，需要有效的载体并与物品绑定才能实现。在实际应用过程中，GS1 编码以条码符号作为数据载体，而 EPC 编码则以 RFID 电子标签作为数据载体。随着智慧物流的不断发展，EPC 编码的应用范围将会不断扩大。

2. 物流定位与导航技术

物流定位与导航技术主要解决货物运输过程的透明化以及室内物品、设备的定位导航问题，涉及的技术主要有全球卫星导航系统（Global Navigation Satellite System，GNSS）、GIS 和室内定位导航技术等。

GNSS 主要用于解决物流室外作业场景中的定位问题，如运输工具定位、在途货物定位、集装箱定位等，一般结合 GIS 使用。目前，全球有四大卫星导航系统供应商，包括美国的 GPS、俄罗斯的格洛纳斯卫星导航系统（GLObal NAvigation Satellite System，GLONASS）、我国的北斗卫星导航系统（BeiDou Navigation Satellite System，BDS）和欧盟的伽利略卫星导航系统（Galileo Navigation Satellite System，Galileo）。当前，我国以 GPS 和 BDS 的应用为主，发展趋势是 BDS 将会逐步取代 GPS。GNSS 的应用领域主要包括运输车辆自主导航、地面车辆跟踪和城市智能交通管理、船舶远洋导航和进港引水、船只实时调度与导航等。

GNSS 与 GIS 的结合可以很好地解决智慧物流系统中的室外定位问题。但智慧物流系统中有很多作业场景位于室内，例如，仓库、配送中心等，需要室内定位导航技术的辅助，从而解决卫星信号不能穿透建筑物的问题，为室内物品和设备的定位导航提供技术支撑。

室内定位导航技术主要分为基于无线通信基站的定位、惯性导航定位、地磁定位、基于图片（视频）的机器视觉定位等。常用的定位技术主要有 5G 基站定位技术、蓝牙定位技术、Wi-Fi 定位技术、超宽带（Ultra Wide Band，UWB）定位技术和 VSLAM（Visual Simultaneous Localization and Mapping，基于视觉的同步定位与地图构建）技术等。其中，5G 基站定位技术、UWB 定位技术和 VSLAM 技术是当前关注的热点和重点。实际应用中，一般是多种技术综合使用，以达到较好的定位和导航效果。

3.状态感知与执行技术

状态感知是指依靠传感器及其相关技术使计算机设备能够"感知"物流运作的情境，通过分析与计算，使物流系统能够自适应情境的变化，并主动做出准备或反应。状态感知能力的提升是智慧物流的重要基础，所涉及的技术主要包括传感器技术、语音识别技术、机器视觉技术以及物流机器人技术等。状态感知能力是物流机器人的基础能力，能够进一步提高智慧物流前端执行的智能化程度。

传感器从仿生学的角度，使机械像人类或动物的感觉器官一样能对外界环境变化进行感知。在智慧物流系统中，传感器处于最前端，是感知、获取与检测各种信息的窗口。它的作用是延伸、扩展、补充或代替人的听觉、视觉和触觉等器官的功能，是实现感知与自动控制的重要环节。在某些场景中，传感器被作为部件嵌入智能设备，例如，无人叉车、无人配送车等，用于感知设备本身和周边的环境信息；在另外的一些场景中，无线传感器组成无线传感器网络（Wireless Sensor Networks，WSN），采集某个区域范围内的特定环境参量，例如，仓储环境监控、园区安防监控等。

语音识别技术，也被称为自动语音识别（Automatic Speech Recognition，ASR），其目标是将人类语音中的词汇内容转换为计算机可读的输入符号，例如，按键、二进制编码或者字符序列。在物流领域，语音识别技术已经在分拣系统和智能客服中开始应用。

在智慧物流系统中，机器视觉主要用于物流作业现场的人员和车辆管理，以及物流各作业环节的物品形状识别、尺寸检测、自动化数量检测、包装质量检测等，也包括前述的 VSLAM 技术。

物流机器人属于工业机器人的范畴，是智慧物流系统的前端执行机构。广义的物流机器人包括仓库物流机器人、无人驾驶物流车等多种形式；狭义的物流机器人主要指在仓库内执行装卸、搬运、分拣、包装以及拆码垛等功能的机器人。使用较为普遍的物流机器人主要有 AGV、AMR、有轨穿梭车（RGV）和搬运机械臂四种类型。

（二）智慧物流网络层技术

网络层是智慧物流系统的神经网络，连接着感知层和应用层，其功能为"传送"，即通过通信网络进行信息传输。网络层包含接入网和传输网，分别实现接入功能和传输功能。传输网由公网与专网组成，典型传输网络包括电信网（固网、移动通信网）、广电网、互联网、专用网（数字集群）；接入网包括光纤接入、无线接入、以太网接入、以卫星接入等，实现底层的物品、人员、物流设施、物流设备等的无缝接入。

1. 近距离无线通信技术

近距离无线通信技术，又称近间隔无线通信技术。其范围很广，在普通意义上，只需要通信收发双方经过无线电波传输信息，并且传输间隔限制在较短的范围内，通常是几十米内，就可以称为近（短）间隔无线通信，具有低成本、低功耗和对等通信等特征和优势。智慧物流系统中，近距离无线通信技术主要用于解决系统终端人员、物品、设备、设施等之间的有限距离或有限范围的无线通信问题，涉及的技术主要包括蓝牙、ZigBee、Z-Wave、红外（IrDA）、UWB、近场通信（Near Field Communication，NFC）、RFID 等。

智慧物流环境下，由于近距离无线通信技术的应用非常多，且要求各不相同，所以多种标准和技术并存的现象会长期存在。例如，需要宽带传输的视频、高速数据可以采用 UWB 技术；对速率要求不高但对功耗、成本等有较高要求的无线传感网可以采用 ZigBee、Z-Wave 及与其相似的技术；对于近距离的标签无线识别应用，则可采用 NFC、RFID 等无线通信技术。

2. 局域互联技术

此处的局域是指仓库、货场、配送中心、物流园区、转运中心、港口码头、货运机场等智慧物流系统中的有限区域和空间。局域互联技术着眼于解决这些区域的组网和通信问题，主要涉及现场总线技术和局域网技术。

现场总线一般用于解决工业现场的智能化仪器仪表、控制器、执行机构等现场设备间的数字通信以及这些现场控制设备和高级控制系统之间的信息传递问题。智慧物流系统中，作业现场的智能化设备越来越多，需要应用现场总线技术将其连接为一个整体，从而发挥协同效应，提高现场作业效率。

局域网是现代物流实现办公自动化和作业自动化的基础条件，按其接入方式可分为有线和无线两种。有线方式以以太网技术的应用最为普遍，其传输速度快，性能稳定，框架简易，并且具有封闭性，一般用于物流企业内部、室内作业现场和物流数据中心组网等。无线方式以 Wi-Fi 的应用最为普遍，例如 Wi-Fi6 覆盖了 2.4GHz、5GHz 两个频段，允许与多达 8 个设备通信，最高速率可达 9.6bit/s。与有线接入方式相比，Wi-Fi 无须布线，健康安全，组网简单，能够较好地支持终端的移动性。

3. 广域互联技术

智慧物流环境下，物流系统覆盖的范围经常跨城、跨省、跨区甚至跨国。城际、省际乃至全球性的信息交互是智慧物流系统正常运转的基础，所以需要互联网、移动通信和集群通信等技术的支持。

互联网打破了空间限制，降低了信息交换的成本，提升了信息的聚合效应，具备通信、社交、网上贸易、云端化服务、资源共享、服务对象化等多种功能，是信息社会的重要基础。互联网与物流的结合，不断创新物流经营和服务模式，将各种运输、仓储等物流资源在更大的平台上进行整合和优化，扩大资源配置范围，提高资源配置有效性，全面提升物流效率。

互联网虽然实现物流各主体之间广域互联，但无法满足物流对移动性的要求，在一定程度上也限制了智慧物流的发展。移动通信技术的进步为智慧物流发展注入了新的活力。

互联网和移动通信网都是面向大众的公共通信网络。但在智慧物流系统中，货柜码头、大型转运站等某些特殊的场景，需要有专用的通信网络用于现场的指挥和调度。所以，仍然需要集群通信系统这一专用通信网络技术的支持。

4. 物物互联技术

物物互联是智慧物流区别于传统物流的典型特征，也是智慧物流的重要基础，涉及的技术主要包括物联网、车联网、信息物理系统等，目的是实现"物"与"物"之间的相互通信和协同运作。

物联网技术被誉为信息科技产业的第三次革命。物联网的出现推动着现代社会智慧化程度的不断提高，"智慧地球""智慧城市""智慧生活"等概念不断被提出。物联网技术同样推动着现代物流向智慧物流发展，是智慧物流系统建设的基础支撑技术之一。

车联网（Internet of Vehicles，IoV）的概念源于物联网，即车辆物联网，是以行驶中的车辆为信息感知对象，借助新一代信息通信技术，实现车与X（X表示车、人、路、服务平台）之间的网络连接，提升车辆整体的智能驾驶水平，为用户提供安全、舒适、智能、高效的驾驶感受与交通服务，同时提高交通运行效率，提升社会交通服务的智能化水平。车联网的发展推动着我国智慧物流的变革。随着车联网理念的引入，技术的提升，政策的支持，相信未来的车联网将给中国物流业带来革命性的变化，我国智慧物流将迎来大发展的时代。

信息物理系统（Cyber Physical System，CPS）是将计算资源与物理资源紧密结合与协调的产物，它将改变人类与物理世界的交互方式。作为物联网的演进，CPS已经受到工业领域的广泛关注，并已在多个环节得到应用和体现。工业4.0制造必然需要物流4.0服务，CPS系统绝不仅仅适合工业领域，其在物流领域具有重要而广泛的应用前景。

（三）智慧物流应用层技术

应用层相当于智慧物流系统的大脑，接收来自感知层的数据并进行智能分析与决策，辅助完成智慧物流相关业务或形成执行指令反馈给感知层，控制相应的自动化设备。智慧物流系统中，应用层直接影响和决定着系统智慧的高低。按照所发挥的功能，智慧物流应用层可以分为数据存储与处理、智能分析与计算、数据交换与共享以及智能管理与决策四个组成部分。

1. 数据存储与处理

数据存储与处理是数据应用的基础，其主要目标是将原始的物流数据上升到信息层次。智慧物流环境下，物流数据类型繁多，来源复杂，信息量大，更新速度快，物流大数据时代已然来临。

大数据的作用不仅是帮助人们分析有价值的信息，更重要的是将这些有价值的信息存储下来，为未来或当下提供有效的信息。大数据的出现同时伴随着信息产业的发展，促进存储技术的革新。面对数据量庞大、结构复杂的物流数据，应该采用什么样的方式来存储，也是信息行业一直努力探索的问题。如今应用的存储模型主要有 NoSQL、MPP（大规模并行处理）分布式和云计算存储等。

在大数据处理方面，按照数据处理模式，可以分为仅批处理、仅流处理和混合处理 3 种框架。仅批处理框架的典型代表是 Apache Hadoop，其处理引擎为 MapReduce；仅流处理框架的典型代表是 Apache Storm 和 Apache Samza；混合处理框架主要有 Apache Spark、Apache Flink 等。

2. 智能分析与计算

智能分析与计算以数据存储与处理为基础，在某些应用场景中，两者相互交叉、互为支撑。智慧物流系统中，智能分析与计算技术主要用于挖掘物流信息背后隐藏的规律，将信息上升到知识层次，为智能管理与决策提供支撑，主要涉及云计算技术、边缘计算技术、人工智能技术和模拟仿真技术等。其中，云计算和边缘计算主要提供算力；人工智能则主要提供算法，结合物流大数据可以充分实现物流系统的智能化；而仿真模拟则提供了模型验证与优化的工具，能够提升物流系统智能进化的速度。

云计算是智慧物流发展的基础性技术之一。一方面，云计算具有超强的数据处理和存储能力；另一方面，智慧物流系统中无处不在的数据采集，需要大范围的支撑平台以满足其规模需要。然而，随着云计算、大数据、人工智能等技术的快速发展，以及各种应用场景的不断成熟，越来越多的数据需要上传到云端进行处理，给云计算带来更多的工作负载，同时，由于越来越多的应用需要更快的反应速度，边缘计算应运而生。

边缘计算将计算资源移到了靠近物或数据源头的网络边缘，能够就近提供边缘智能服务，从而满足智慧物流系统在敏捷连接、实时业务、数据优化、应用智能、安全与隐私保护等方面的关键需求。典型的边缘智能平台有 ParaDrop、Cloudlet、PCloud、Firework 和海云计算系统等。目前的主要应用有基于边缘计算的智慧交通应用、基于边缘计算的工业控制应用、基于边缘计算的视频监控智能分析应用等，这些应用将会进一步促进智慧物流的发展。

仿真模拟为物流系统中各种模型、方案的验证评估提供了必要的技术手段。尤其是虚拟现实（Virtual Reality，VR）和增强现实（Augmented Reality，AR）技术的出现，更进一步拓展了仿真模拟技术的应用范围，增强了仿真模拟的感知性、沉浸感、交互性和构想性，在物流系统仿真、物流数字孪生系统和物流实训等方面均有着广泛的应用。

3. 数据交换与共享

数据交换与共享技术是打破物流信息孤岛，促进物流数据流通，形成数据聚合效应的重要基础。虽然数据库、物流信息平台等技术在很大程度上扩大了数据共享范围，提升了数据共享能力，但针对智慧物流环境下的数据异构、自动交换、数据安全、数据溯源和可信性验证等问题，仍需要 EDI、可扩展标记语言（Extensible Markup Language，XML）和区块链等相关技术的支持。

EDI 将计算机和通信网络高度结合，能够快速处理并传递商业信息，形成了涌动全球的"无纸化贸易"。EDI 应用水平已经成为衡量一个企业在国际国内市场上竞争力大小的重要标志。

EDI 对于提高智慧物流系统中各企业间的信息交互效率，推动物流全球化的发展具有重要作用。

然而，EDI 技术是在大公司的推动下发展起来的，其准入门槛相对较高，这就意味着有很多企业将失去很多机会和优惠条件。特别是随着电子商务的快速发展，企业与企业之间、企业与用户之间的信息交换越来越频繁，所以需要一种新的数据标准格式作为数据的载体，而且它应该是经过检验的国际标准，具有开放性，并且与平台、语言无关。XML 可以满足这样的要求。所以 XML 出现后，成为 EDI 的替代者。

无论是 EDI 还是 XML，其所交换的内容仅仅是信息。同时，在数据可信性验证方面也存在着明显的不足。所以当区块链技术出现以后，为物流数据乃至价值的传递提供了新的解决方案。区块链本质上是一个共享数据库，存储于其中的数据或信息，具有"不可伪造""全程留痕""可以追溯""公开透明""集体维护"等特征。基于这些特征，区块链技术奠定了坚实的"信任"基础，创造了可靠的"合作"机制，在智慧物流领域具有广阔的应用前景。

4.智能管理与决策

智能管理与决策面向物流管理和作业人员，是对智能分析与计算结果的应用，同时也需要数据存储与处理和数据交换与共享技术的支撑。

智能管理与决策技术主要表现为各种形式的物流软件，主要包括统计预测系统、决策支持系统、智能管理系统、智能调度系统、智能控制系统等，一般集成在各种物流业务管理系统中，如仓储管理系统、运输管理系统和配送管理系统等，成为各系统的智能核心。

智能管理与决策技术是多种基础技术在物流各环节集成应用的结果。本书以介绍基础技术为主，所以仅是结合其他技术的应用对这一部分进行简单介绍。

（四）智慧物流集成化技术

所谓集成化，即是把某些东西（或功能）集在一起，使形成的新对象具有被集成对象的全部属性和功能，甚至衍生出新的功能。物流集成化技术中"集成"的对象主要是技术和功能，集成的结果能够满足特定领域、特定场景或特定业务的全部需求，部分技术在层次上也贯穿了智慧物流的感知层、网络层和应用层。物流集成化技术的典型代表有电子订货系统、物流信息系统、企业资源计划和物流公共信息平台等。

三、智慧物流信息技术的应用与发展

智慧物流信息技术的应用是智慧物流实现的基础，同时也伴随着智慧物流的发展而发展。

（一）智慧物流新兴技术应用逐步深入

智慧物流新兴技术主要指物联网、车联网、云计算、大数据、人工智能、区块链和5G等技术，是推动智慧物流发展的基础技术和关键技术，在智慧物流中的应用也逐步深入。中商产业研究院分析认为，预计未来 5 ~ 10 年（始于2019

年），物联网、云计算和大数据等新一代信息技术将进入成熟期，物流人员、装备设施以及货物将全面接入互联网，呈现指数级增长趋势，形成全覆盖、广连接的物流互联网，"万物互联"将助推智慧物流发展。

1. 物联网技术应用现状

在物联网方面，其产业市场规模正不断扩大。

物联网应用于智慧物流主要经历了 3 个阶段，也就是启蒙阶段（2003—2004 年）、发展与探索阶段（2005—2009 年）和理念提升阶段（2009 年至今）。前两个阶段主要是沿着 RFID/EPC 和 GPS/GIS 两条技术路线不断探索的。而以 2009 年为开端的第三个阶段则是质的飞跃，物联网理论得到了补充和完善，逐步形成三大技术核心，即感知技术、网络通信技术和智能应用技术。物联网在智慧物流中的应用具有必然性。在主观性方面，无论是在理论上、实验中还是初步的实践中，物联网在智慧物流领域的应用已经初见雏形，并且有进一步发展的主观可能性；在客观性方面，推进物联网在智慧物流领域的应用是智慧物流行业发展的需要，也是其他相关行业发展的需要。

2. 车联网技术应用现状

在车联网方面，得益于政策和行业的发展，市场规模也在不断扩大。据中国联通数据显示，无论在企业方面还是市场规模方面，车联网都将作为物联网的重要领域继续发展，尤其是在各个细分领域，例如，智能驾驶、智慧物流及智能终端设备等方面都将继续渗透，进行技术革新，提高工作效率。车联网的发展会进一步推动中国智慧物流的变革。依托 RFID、BDS/GIS、GPRS（通用无线分组业务）等车联网技术集成应用，搭建物流货运与配载信息化监控管理平台，能够为客户在线提供实时货物信息、返程配货信息等。所以，车联网时代建立智能物流货运与配货平台，具有重要意义，同时具有较大的市场机遇。

3. 云计算技术应用现状

在云计算方面，云技术从粗放向精细转型，技术体系日臻成熟，迎来了多样化、全面化的发展时期。

在物流领域有些运作已经有"云"的身影，如车辆配载、运输过程监控等。

借助云计算中的"行业云"，多方收集货源和车辆信息，并使物流配载信息在实际物流运输能力与需求发生以前发布，加快了物流配载的速度，提高了配载的成功率。"云存储"也是可以发展的方向之一，利用移动设备将在途物资作为虚拟库存，即时进行物资信息交换和交易，将物资直接出入库，并直接将货物运送到终端用户手中。

4. 大数据技术应用现状

在大数据方面，物流大数据研究和应用刚刚起步，尚属新兴的研究领域，发展比较缓慢。

同时，物流大数据行业的生命周期（数据产生→数据采集→数据传输→数据存储→数据处理→数据分析→数据发布、展示和应用→产生新数据）比较长，一般需要 5～8 年，前期的数据积累和沉淀耗时、耗力、耗财。

从细分市场来看，医药物流、冷链物流、电商物流等都在尝试乘上大数据这辆高速列车，但从实际应用情况来看，电商物流凭借互联网平台具有一定的先发优势，发挥了一定的引领作用。大数据在物流企业中的应用贯穿了整个物流企业的各个环节，对物流企业的管理与决策、客户关系维护、资源配置等起到积极的作用。

5. 人工智能技术应用现状

在人工智能方面，由于"互联网＋基础设施"不断完善，"AI＋物流"具备了一定的数据基础。随着数字化渗透率持续提升，人工智能将成为物流的"新基建"，正在不断深入行业应用。无人化、少人化发展趋势加速，2020 年成为"AI＋物流"的应用元年。据艾瑞咨询统计，目前 AI 在物流各环节的应用方面，仓储与运输环节占比较大，两者占比之和超过 80%。例如，在智能仓储方面，AI 入库识别、货物搬运、存储上架、分拣出库等上面都有应用；在搬运环节，移动机器人的应用已经开始爆发式增长。

6. 区块链技术应用现状

在区块链技术应用方面，早在 2016 年中国物流与采购联合会就已经意识到区块链技术对物流与供应链领域可能带来的巨大变化，由多家物流、供应链、区块链等企业联合发起成立了中国物流与采购联合会区块链应用分会，致力于推动区块链技术在物流与供应链领域的应用。

物流与供应链领域是区块链技术重点应用方向，正迎来新的发展机遇。据不完全统计，国内外披露的无币区块链项目中，物流供应链方向的项目超过35%，物流供应链领域已经成为区块链技术应用最具潜力的市场。在中物联区块链分会的积极推动下，行业区块链应用蓬勃发展，区块链技术在物流供应链领域多项应用落地，在物流供应链金融、物流及商品溯源、供应链协同平台、电子单据票据等领域都推出了基于区块链技术的产品，涌现出了顺丰速运、京东物流、中都物流等一批优秀的区块链创新应用企业，引领区块链技术在物流供应链领域的发展方向。

7.5G 技术应用现状

随着 5G 技术的推广应用，国内物流行业将迎来新的发展机遇，智慧物流市场前景广阔。而物流作为 5G 产业链上不可分离的重要部分，将会因为 5G 发生巨大变革。同时，5G 作为"新基建"中的领衔领域，不仅是物流业创新发展、转型升级的赋能者，还推动着物联网、大数据、人工智能以及物流相关技术的进步，以及在物流行业的应用创新。所以，5G 对于物流来说，价值不言而喻。

在应用实践方面，行业内已有多家系统集成商（昆船、今天国际、兰剑、中鼎集成等）积极探索 5G 新一代信息通信技术与工业领域的深度融合，围绕物流装备、工业生产制造等重点环节，开展"5G+ 工业互联网"深度协同和新业态与应用模式的创新研发工作，积极打造"5G+ 数据采集和感知""5G+ 智能辅助""5G+ 精准操控""5G+ 无损检测""5G+ 机器视觉""5G+ 集群调度""5G+ 云化 AGV""5G+ 安全监控"等应用场景。

（二）"互联网 +"智慧物流生态链逐渐成形

"互联网 +"带来物流生态链的革新，从制造商、供应商、分销商、交付环节、零售商、消费者各个环节、上下游及与最终客户的交互等方向进行信息化改革，促使物流打通信息化各链条，推动传统物流生态链向智慧物流生态链转型。智慧物流生态链是以数据共享、信用机制、物联网技术为支撑，以平台运营中心为核心，由供给生态群、物流生态运营商以及需求生态群组成的链状结构，它已经成为物流发展的新阶段与新模式。智慧物流生态链的发展激发了商业模式创新和市场新进入者的参与，催生了"互联网＋车货匹配""互联网＋合同物流""互联网＋库存管理"等新模式，成为物流业大众创业、万众创新的重要源泉。

在"互联网＋库存管理"方面，从目前中国"互联网＋物流仓储"行业投资主体来看，行业基本以民营企业为主，近几年国有企业投资速度显著增加。从投资企业的主要业务类型来看，主要可以分为三类。一是以普洛斯为代表的工业地产与传统仓储物流行业企业；二是以 BATJ（百度、阿里巴巴、腾讯、京东）等为代表的互联网企业；三是快递以及零售等对供应链管理、物流信息化要求较高的企业。近几年，随着国有企业在物流仓储领域的投资增加，一些国有企业、民营企业和地方国资委设立的智慧物流仓储投资平台也逐渐成为行业投资的主要力量。

第二节　物流定位与导航技术

一、全球卫星导航系统

全球卫星导航系统也叫全球导航卫星系统（Global Navigation Satellite System，GNSS），是能在地球表面或近地空间的任何地点为用户提供全天候的三维坐标和速度以及时间信息的空基无线电导航定位系统。

（一）GNSS 概述

1. 四大 GNSS 系统

依据联合国卫星导航委员会的认定结果，全球卫星导航服务有四大系统，分别是美国的 GPS、俄罗斯的 GLONASS、中国的 BDS 和欧盟的 Galileo。其中，

BDS 和 GPS 已服务全球，性能相当；功能方面，BDS 较 GPS 多了区域短报文和全球短报文功能。GLONASS 虽已服务全球，但性能相比 BDS 和 GPS 稍逊一筹，且 GLONASS 轨道倾角较大，导致其在低纬度地区性能较差。Galileo 的观测量质量较好，但星载钟稳定性稍差，导致系统可靠性较差。后面的内容中，除特殊说明外，GNSS 系统特指这四大系统。

（1）GPS

20 世纪 70 年代，美国国防部为了给陆、海、空三大领域提供实时、全天候和全球性的导航服务，并执行情报收集、核爆监测和应急通信等军事任务，开始研制"导航卫星定时和测距全球定位系统"，简称全球定位系统，即 GPS。

（2）GLONASS

GLONASS 是苏联在 1976 年启动的一个重要航天项目，旨在创建一个与美国 GPS 系统相匹敌的全球性卫星导航系统。GLONASS 系统设计包含 24 颗中轨道卫星，确保全球任何地点的用户都能接收定位与导航信号，提供高精度的三维空间坐标、速度信息以及授时服务。尽管苏联解体对其发展造成了一定影响，但是俄罗斯后续继续投资并维护 GLONASS，使其成为全球范围内除 GPS 之外，唯一一个完全运行的全球卫星导航系统，对民用、军事及科学研究等领域均有重要意义。

（3）BDS

BDS 是中国着眼于国家安全和经济社会发展需要，自主建设运行的全球卫星导航系统，是为全球用户提供全天候、全天时、高精度的定位、导航和授时服务的国家重要时空基础设施，是继美国 GPS 和俄罗斯 GLONASS 之后，第三个成熟的全球卫星导航系统。

2035 年前，我国仍将继续完善国家空间基础设施，开展下一代北斗卫星导航系统导航通信融合、低轨增强等深化研究和技术攻关，推动构建更加泛在、更加融合、更加智能的国家综合定位导航授时（PNT）体系。

BDS 的建设实践，走出了在区域快速形成服务能力、逐步扩展为全球服务的中国特色发展路径，丰富了世界卫星导航事业的发展模式。

（4）Galileo

Galileo 是由欧盟研发的全球卫星导航定位系统。Galileo 的意义在于，欧盟将从此拥有自己的全球卫星导航定位系统，有助于打破美国 GPS 导航定位系统的垄断地位，从而在全球高科技竞争浪潮中获取有利位置，并为将来建设欧洲独立防务创造条件。

2.GNSS 系统的特点

（1）全球性、全天候

对于 GNSS，当在轨运行卫星数量达到一定程度（≥ 24 颗）且分布合理，则地球上的任何地点均可连续、同步观测到至少 4 颗卫星，从而实现全球性的定位。同时，导航卫星一般使用微波频段 300MHz ～ 30GHz 发送信号，能够穿透大气层，不受恶劣天气影响，从而能够提供全天候的导航定位服务。

（2）定位速度快、精度高

GNSS 能够提供近乎实时的三维位置。以 GPS 为例，1s 内可以取得几次位置信息，对于高动态用户具有很大意义。在定位精度上，美国的 GPS 单频定位精度优于 10 米；俄罗斯的 GLONASS 定位精度为 10 米左右；欧盟的 Galileo 提供的公共服务定位精度单频为 15 ～ 20 米，双频为 5 ～ 10 米，公共特许服务有局域增强时能达到 1 米，商用服务有局域增强时为 0.1 ～ 1 米；我国的 BDS 全球平均水平定位精度优于 9 米，垂直精度优于 10 米，精密单点定位优于 0.2 米，如果采用差分定位，精度可达厘米级甚至毫米级。

（3）抗干扰能力强、保密性好

当前，提供服务的四大 GNSS 都是采用无源定位方式。用户端一般只接收卫星信号，自身不会发射信息，因而不会受到外界其他信号源的干扰，同时也保护了用户位置等隐私信息。

（4）功能多、用途广泛

GNSS 系统除了提供精确的三维位置信息，还提供精确的速度和时间信息，部分 GNSS 系统还提供通信功能（如 BDS 的短报文通信），在军、民两个领域都有广泛的应用。例如，美国的 GPS 除用于军事用途外，在陆地、海洋和航空上都有广泛应用，陆地应用就涉及车辆导航、应急反应、大气物理观测、地球资源勘探、工程测量、变形监测、地壳运动监测、市政规划控制。随着 BDS 的不断完善，其在公共事业、交通运输、海洋渔业、减灾救灾、气象监测、商业物流、农林牧业、电子、金融等领域均有广泛运用。

（二）北斗卫星导航系统

1. 发展动因

（1）卫星导航对国防安全意义重大

美国是世界上第一个建立完整卫星导航体系的国家，因此大多数国家的卫星导航终端都使用美国的 GPS 卫星。当用于军事目的时，自然也是使用 GPS 导航。而如果使用外国的导航系统，很显然就是把部队的所有机密交给了外国，对国防安全造成重大威胁。

卫星导航服务关系到国防安全。导弹发射、飞机航行、军舰航行、潜艇航行、敌方目标定位等，一刻也离不开卫星导航。这是国家战略核心利益所在，必须时刻掌握在自己手里。

（2）卫星导航对经济建设贡献巨大

卫星导航是国家经济建设的重要基础，也有巨大的潜在经济利益。交通运输、基础测绘、工程勘测、资源调查、地震监测、气象探测和海洋勘测等领域的发展都需要卫星导航技术的支持。

（3）卫星导航事业推进整体科技水平

独立发展卫星导航系统，这是我国前所未有的技术领域，肯定会遇到无数的技术障碍和各种困难。解决了这些技术难题，我国的太空科技技术水平也将得到大大提高。事实证明确实如此，我国北斗导航系统全面组网成功后，信号覆盖全球每一个角落，整体技术水平仅次于美国 GPS 系统，稳居世界第二，极大提高了我国的国际地位。在部分技术领域（如导航原子钟）甚至已经超越美国的GPS，达到世界先进水平。

2.发展目标及建设原则能力

BDS 的发展目标是建设世界一流的卫星导航系统，满足国家安全与经济社会发展需求，为全球用户提供连续、稳定、可靠的服务；发展北斗产业，服务经济社会发展和民生改善；深化国际合作，共享卫星导航发展成果，提高全球卫星导航系统的综合应用效益。

我国坚持"自主、开放、兼容、渐进"原则建设发展 BDS。所谓自主，是坚持自主建设、发展和运行 BDS，具备向全球用户独立提供卫星导航服务的能力；所谓开放，是免费提供公开的卫星导航服务，鼓励开展全方位、多层次、高水平的国际合作与交流；所谓兼容，是提倡与其他卫星导航系统开展兼容与互操作，鼓励国际合作与交流，致力于为用户提供更好的服务；所谓渐进，是分步骤推进 BDS 建设发展，持续提升 BDS 服务性能，不断推动卫星导航产业全面、协调和可持续发展。

我国卫星导航定位基准服务系统已启用，能免费向社会公众提供开放的实时亚米级导航定位服务。北斗系统在高精度算法和高精度板卡制造方面取得突破，运用实时动态差分（Real-time Kinematic，RTK）技术能够将精度提升至厘米级，高精度定位技术未来发展空间广阔。

二、地理信息系统

（一）GIS 的基本概念

1.地理数据与地理信息

地理数据是各种地理特征和现象间关系的符号化表示，是表征地理环境中要素的数量、质量、分布特征及其规律的数字、文字、图像等的总和。地理数据主要包括空间位置数据、属性特征数据及时域特征数据三部分。空间位置数据描述地理对象所在的位置，这种位置既包括地理要素的绝对位置（如大地经纬度坐标），也包括地理要素间的相对位置关系（如空间上的相邻、包含等）。属性数据有时又称非空间数据，是描述特定地理要素特征的定性或定量指标，如公路的等级、宽度、起点、终点等。时域特征数据是记录地理数据采集或地理现象发生的时刻或时段。空间位置、属性及时域特征构成了地理空间分析的三大基本要素。

地理信息是地理数据中包含的意义，是关于地球表面特定位置的信息，是有关地理实体的性质、特征和运动状态的表征和一切有用的知识。作为一种特殊的信息，地理信息除具备一般信息的客观性、实用性、传输性和共享性等基本特征外，还具有区域性、多维性和动态性等特点。

地理信息属于空间信息，是通过数据进行标识的，这是地理信息系统区别其他类型信息最显著的标志，是地理信息的定位特征。区域性是指按照特定的经纬网或公里网建立地理坐标来实现空间位置的识别，还可以按照指定的区域进行信息的综合或分析。

多维性是指在二维空间的基础上，实现多个专题的地理三维结构，即在一个坐标位置上具有多个专题和属性信息。例如，在一个地面点上，可取得高程、污染、交通等多种信息。

动态性主要是指地理信息的动态变化特征，即时序特征。可以按照时间尺度将地理信息划分为超短期的（如台风、地震）、短期的（如江河洪水、秋季低温）、中期的（如土地利用、作物估产）、长期的（如城市化、水土流失）、超长期的（如地壳变动、气候变化）等。从而使地理信息能以时间尺度划分成不同时间段，这就要求及时采集和更新地理信息，并根据多时相区域性指定特定的区域得到的数据和信息来寻找时间分布规律，进而对未来做出预测。

2. 地理信息系统

由于不同的部门和不同的应用目的，GIS 的定义也有所不同。当前对 GIS 的定义一般有四种观点，即面向数据处理过程的定义、面向工具箱的定义、面向专题应用的定义和面向数据库的定义。

GIS 按存储数据的范围，可分为全球的、区域的和局部的 3 种类型。按表达的空间维数，分为二维和三维两种类型。按是否直接存储时间尺度，分为静态 GIS 和动态 GIS（也称为时态 GIS）。按事件处理内容和方式，分为事务处理或管理 GIS 和决策支持 GIS。按包含的内容又可分为专题 GIS、区域 GIS 和 GIS 工具。其中，专题 GIS 是以某一专业、任务或现象为主要内容，为特定的对象服务，如森林动态监测信息系统、农作物估产信息系统、水土流失信息系统和土地管理信息系统等。区域 GIS 主要以区域综合研究和全面信息服务为目标。区域可以是行政区，如国家级、省级、市级和县级等区域信息系统；也可以是自然区域，如黄土高原区、黄淮海平原区和黄河流域等区域信息系统；还可以是经济区域，如京津唐区和沪宁杭区等区域信息系统。GIS 工具是一组包括 GIS 基本功能的软件包，提供图形图像数字化、存储管理、查询检索、分析运算和多种输出等功能。

3.GIS 与其他 IS 的区别

GIS 是信息系统（Information System，IS）中的一种具体类型。信息系统按是否包含空间信息划分为非空间信息系统（如物流信息系统）和空间信息系统（Spatial Information System，SIS）两类。

GIS 与其他类型的 IS 之间既有联系，也存在着明显的区别。与一般管理信息系统（MIS）相比，GIS 是对空间数据和属性数据的共同管理、分析和应用，而一般的 MIS 侧重于非图形数据（属性数据）的优化存储与查询，不能对空间数据进行查询、检索、分析，没有拓扑关系，其图形显示功能也很有限。与 CAD 等非地理信息系统相比，两者都有空间坐标系统，都能将目标和参考系联系起来，都能描述图形数据的拓扑关系，都能处理属性和空间数据。但 CAD 研究的对象为规则几何图形及组合等人造对象，而 GIS 处理的数据大多来自现实世界，比人造对象更复杂，数据量更大，数据采集的方式更多样；CAD 的图形功能特别是三维图形功能强，属性库功能相对较弱，而 GIS 的属性库结构复杂，功能强大；CAD 中的拓扑关系较为简单，而 GIS 强调对空间数据的分析，图形属性交互使用频繁；CAD 一般采用几何坐标系，而 GIS 采用地理坐标系。

（二）GIS 的组成

GIS 功能的实现需要一定的支持，包括计算机硬件系统、软件系统、应用模型、地理空间数据和管理与应用人员。其核心是计算机软、硬件系统，空间数据反映了 GIS 的地理内容，应用模型提供了解决问题的工具和方法，而管理人员和用户则决定系统的工作方式和信息表示方式。

1. 硬件系统

硬件系统主要由输入设备、处理设备、输出设备和存储设备4个部分组成。其中，输入设备又分为专用设备和常规设备两类。专用设备包括GPS/BD接收设备、全站仪、解析和数字摄影测量仪器、全数字摄影测量工作站、遥感与遥感图像处理系统等；常规设备主要指数字化仪、扫描仪和键盘、鼠标等。处理设备主要指服务和工作站等。存储设备主要包括移动硬盘、硬盘阵列等。输出设备主要指绘图仪、打印机以及计算机、平板计算机等各种终端设备。

2. 软件系统

软件系统是指GIS系统运行所必需的各种程序，通常包括GIS系统软件、基础软件和GIS软件三类，系统软件包括操作系统、系统库和标准软件等，为GIS系统运行提供支撑环境。基础软件提供空间数据的输入、存储、转换、输出及其用户接口等功能；GIS软件包括GIS基本功能软件、GIS应用软件和用户界面，其中，GIS应用软件是根据专题分析模型编制的特定应用任务的程序，是地理信息系统功能的扩充和延伸。

3. 应用模型

GIS应用模型是根据具体的应用目标和问题，借助GIS自身的技术优势，使观念世界中形成的概念模型，具体化为信息世界中可操作的机理和过程。GIS应用模型根据其处理过程的复杂程度可以分为单过程模型和多过程模型两类。

4. 地理空间数据

地理空间数据是指以地球表面空间位置为参照的自然、社会和人文景观数据，可以是图形、图像、文字、表格和数字等，由系统的建立者通过数字化仪、扫描仪、键盘、其他通信系统输入GIS，是系统程序作用的对象，是GIS所表达的现实世界经过模型抽象的实质性内容。地理空间数据一般包括三方面的内容，即空间位置坐标数据、地理实体的空间拓扑关系以及对应于空间位置的属性数据等。通常，它们以一定的逻辑结构存放在空间数据库中。空间数据来源比较复杂，随着研究对象的不同、范围的不同、类型的不同，可采用不同的空间数据结构和编码方法，其目的就是更好地管理和分析空间数据。

5.管理与应用人员

人员同样是 GIS 中的重要构成因素。地理信息系统从其设计、建立、运行到维护的整个生命周期，都离不开人的作用。仅有系统软硬件和数据还构不成完整的地理信息系统，需要人进行系统组织、管理、维护和数据更新、系统扩充完善、应用程序开发，并灵活采用地理分析模型提取多种信息，为研究和决策服务。其中包括具有地理信息系统知识和专业知识的高级应用人才；具有计算机知识和专业知识的软件应用人才以及具有较强实际操作能力的硬软件维护人才。

三、室内定位技术

室内定位是指在室内环境中实现位置定位，集成无线通信、基站定位、惯导定位、动作捕捉等多种技术，形成一套室内位置定位体系，从而实现人员、物体等在室内空间中的位置监控。

（一）室内定位技术的特点

与 GNSS 等室外定位技术相比，室内定位技术具有以下特点。

1.精度要求高

室内环境复杂多变，房间、物品之间的距离更近，参与定位的设备更多，人们对定位精度的要求也远高于室外，尤其是部分涉及高速移动设备定位的行业，对精度的要求可能是厘米级，同时对定位时延要求也非常苛刻。

2.施工部署难

形成室外定位网络需要发射卫星，对接的管理部门线条清晰，但室内定位网络需要在每个楼宇部署站点，需要大量的物业协调沟通工作。而且室内相比室外，空间私密性更强，人们对隐私保护的要求也更高，这也增加了布网的工作量。

3.定位平台不统一

室外定位已形成统一的定位平台，例如，国外的谷歌地图，国内的高德、百度地图。而由于刚刚起步，标准还未成熟统一，室内定位平台还不成规模。

（二）室内定位技术的分类

按定位原理的不同，主流的室内定位技术可分为基于射频信号的室内定位技术、基于传感器的室内定位技术、多传感器融合定位技术和地磁定位技术四大类。

1. 基于射频信号的室内定位技术

基于射频信号的室内定位技术主要有蜂窝网络、Wi-Fi、蓝牙、ZigBee、RFID 和 UWB 等。这些定位技术都需要部署无线基站，或利用现有基站，例如，通信网络的蜂窝定位技术，定位精度不高。在需要高精度的情况下，实施起来成本比较高，目前应用并不广泛。

2. 基于传感器的室内定位技术

基于传感器的室内定位技术主要有红外线定位技术、超声波定位技术、惯性导航技术和计算机视觉定位技术等。

红外线室内定位技术的定位原理是，红外线 IR 标识发射调制的红外射线，由安装在室内的光学传感器接收并进行定位。虽然红外线具有相对较高的室内定位精度，但是由于光线不能穿过障碍物，所以红外射线仅能视距传播。直线视距和传输距离较短这两大主要缺点使其室内定位的效果很差。当标识放在口袋里或者有墙壁或其他遮挡时就不能正常工作，需要在每个房间、走廊安装接收天线，造价较高。因此，红外线只适合短距离传播，而且容易被荧光灯或者房间内的灯光干扰，在精确定位上有局限性。

超声波室内定位系统由一个测距器和多个应答器构成，测距器一般安置在移动终端上。测距器发射特定频率的无线电信号，应答器接收到无线电信号后向测距器发射超声波信号，测距器对各应答器完成测距。超声波定位精度较高，结构简单，但超声波受多径效应和非视距传输影响很大，同时需要大量的底层硬件设施，成本太高。

惯性定位技术无须任何额外的基础设施或网络，以无线方式实时输出人员的行走距离与方向信息，可以实现在各种复杂环境中人员的准确定位，可以用于应急救援。但是惯性导航的信号随着时间误差会不断积累，在人行进过程中，手机中的惯导元件比较差的精度和姿态随意性，会导致积分快速发散，精度完全不可用，所以这个方法往往不会单独使用。

计算机视觉定位技术中，当前的热门技术是即时定位与地图构建（SLAM）。SLAM技术可以实现很高的定位精度，但是由于其技术复杂程度高和成本高，目前不能用于手持的智能设备。

另外一种基于计算机视觉的定位方法，主要是在环境中放置定位标记（一般是二维码），同时记录定位标记的位置，用摄像机拍摄定位标记的图像，获得摄像机的位置。这种方法在工业环境中已经得到了应用。但是在民用环境，特别是商业环境中，由于这种定位标记对环境美观的影响，无法得到广泛的应用。

3. 多传感器融合定位技术

在实际定位应用中，单一传感器定位难以满足定位在精度、时延等方面的需求，需要进行多传感器的融合定位。

多传感器融合（Multi-sensor Fusion，MSF）是利用计算机技术，将来自多传感器或多源的信息和数据以一定的准则进行自动分析和综合，以完成所需的决策和估计而进行的信息处理过程。

MSF就像人脑综合处理信息一样，将各种传感器进行多层次、多空间的信息互补和优化组合处理，最终产生对观测环境的一致性解释。在这个过程中要充分利用多源数据进行合理支配与使用，而信息融合的最终目标则是基于各传感器获得的分离观测信息，通过对信息多级别、多方面组合导出更多有用信息。这不仅利用了多个传感器协同操作的优势，也综合处理了其他信息源的数据来提高整个传感器系统的智能化程度。

多传感器融合系统所实现的功能要远超这些独立系统能够实现的功能总和。使用不同的传感器种类可以在某一种传感器出现故障的环境条件下，额外提供一定的冗余度。

4. 地磁定位技术

地磁定位的理论依据是每一个具体位置的磁场信息都不一样。由于室内环境复杂多变，通常不同位置的地磁场强度也不一样。使用这种技术进行导航比较麻烦，首先用户需要上传建筑平面图，还需要拿着智能设备绕室内一圈，记录下各个位置的地磁信号特征，在行走道路上对磁场变化轨迹进行匹配。

四、物流定位与导航技术在物流中的应用

智慧物流环境下，位置信息对于物流管理至关重要，也是对物流系统中各对象进行跟踪的重要基础。GNSS、GIS 以及室内定位技术的发展及应用，对于提高智慧物流系统的位置感知和空间分析能力发挥着重要作用，同时也衍生出许多新的管理和操作模式。

（一）BDS 在物流运输中的应用

运输是现代物流中的重要环节。实时跟踪货物的运输过程，合理调度使用车辆、仓库、人员等各种资源，为客户提供实时的信息查询等，是智慧物流对运输系统的基本要求。利用北斗定位导航服务，结合互联网通信技术，能够实现车辆安全驾驶管理与调度，有效减少道路事故，提升道路运输管理水平及车辆调度能力。

基于北斗系统的车辆监管系统通过在车辆上安装北斗车载终端，获取车辆实时位置信息、运行状态等关键行车数据，通过互联网通信技术实时回传至车辆监管系统，车辆监管系统一般需要满足以下应用需求。

1. 统一管理

一个账号可统一管理所有物流运输车辆，在 GPS 定位系统电子地图上可以查看到所有车辆的分布情况，了解到所有车辆在各区域分布的具体位置以及行驶状况。这样管理人员就可查看哪些车辆可供使用，方便合理地调度。

2. 历史轨迹回放

管理人员可查询任意车辆的历史运行轨迹，可以看出车辆在行驶过程中的

状态、路线。根据车辆的行驶轨迹，物流公司和客户都可以了解货物的运输状态，并将此作为考评依据。

3. 实时定位

通过定位查询，管理人员可看出任意车辆的实时位置、行驶方向和行驶速度。既能了解车辆的运输状况，也能进行合理调度。

4. 电子围栏

可根据车辆行驶的范围或路线，在电子地图上设置一个围栏区域，当物流运输车辆驶入或者驶出此区域时就会向系统发送围栏报警信息。

5. 超速报警

管理人员可以设置一个速度值，当车辆的行驶速度超过设定值时，会立即发送超速报警信息。这样管理人员就可以及时提醒司机注意安全行驶。

（二）GIS 在物流领域的应用

GIS 在物流领域的应用，主要就是利用其强大的地理数据处理能力来完善物流分析技术。国外一些公司已开发出利用 GIS 进行物流分析的软件工具，完整的 GIS 物流分析软件集成了车辆路线模型、设施定位模型、网络物流模型、分配集合模型和空间查询模型等。

1. 车辆路线模型

车辆路线模型用于解决在一个起点、多个终点的货物运输问题中，如何降低操作费用并保证服务质量，包括决定使用多少车辆、每个车辆经过什么路线的问题。物流分析中，在一对多收发货点之间存在多种可供选择的运输路线的情况下，应该以物料运输的安全性、及时性和低费用为目标，综合考虑，权衡利弊，选择合理的运输方式并确定费用最低的运输路线。

实际工作中，车辆路线问题还应考虑很多影响因素，问题也变得复杂。例如，仓库的数量不止一个，而仓库和零售店之间不是一一对应的；部分零售店对货物送达时间有一定的限制，如某零售店上午 8 点开始营业，要求货物在早晨 5～7 点运到；仓库的发货时间有事实上的限制，如当地交通规则要求卡车上午

7 点之前不能上路，而司机要求每天下午 6 点之前完成一天的工作等。

而零售店却有 30 个，并分布在不同的地方，每天用卡车把货物由仓库运到零售店，每辆卡车的载重量或者货物尺寸是固定的，同时每个零售店所需的货物重量或体积也是固定的。因此，需要多少车辆以及各个车辆要经过的路线是一个最简单的车辆路线模型。

2. 设施定位模型

设施定位模型用来确定仓库、医院、零售店、配送中心等设施的最佳位置，其目的同样是提高服务质量、降低操作费用，以及使利润最大化等。在物流系统中，仓库和运输线路共同组成了物流网络，仓库处在网络的节点上，运输路线就是连接各个节点的线路，从这个意义上看，节点决定着运输线路。具体地说，在一个具有若干资源点及若干需求点的经济区域内，物流资源要通过某一个仓库的汇集中转和分发才能供应各个需求点。因此，根据供求的实际需要并结合经济效益等原则，在既定区域内设立多少个仓库、每个仓库的地理位置在什么地方、每个仓库应有多大规模、这些仓库间的物流关系如何等问题，就显得十分重要。而这些问题运用设施定位模型均能很容易地得到解决。

3. 网络物流模型

网络物流模型用于解决寻求最有效的分配货物路径问题，也就物流网点布局问题。例如，需要把货物从 N 个仓库运输到 M 个零售店，每个零售店有固定的需求量，这就需要确定哪个仓库供应哪个零售店，从而使运输的费用最低。或者是在考虑线路上的车流密度的前提下，怎样把空的货车以最快的方式调到货物所在的位置。

4. 分配集合模型

分配集合模型可以根据各个要素的相似点把同一层上的所有或部分要素分成几组，用于解决确定服务范围、销售市场范围等问题。例如，某公司要设立 N 个分销点，要求这些分销点覆盖整个地区，且每个分销点的顾客数目大致相当。在某个既定经济区域内，可以是一个国家，也可是一个地区或城市，考虑各个仓储网点的规模及地理位置等因素，合理划分配送中心的服务范围，确定其供应半径，实现宏观供需平衡。这就是分配集合模型要解决的问题。

5. 空间查询模型

可以查询以某一商业网点为圆心的某半径内配送点的数目，以此判断哪一个配送点距离最近，为安排配送做好准备。

（三）室内定位技术在智慧物流园区中的应用

室内定位技术的发展推动智慧物流园区的建设和创新，提高人员劳动生产率，实现园区价值最大化，顺应智慧城市发展方向，推动新型战略产业发展。室内定位带给智慧园区的效益非常明显。

1. 仓储货物实时动态有序管理

通过室内定位技术对仓储物流众多数量及品种的物资进行实时动态有序管理，实现物资的入库、出库、移动、盘点、查找等流程的智能化管理，并加快物资流转速度，最大限度避免入库验收时间长、在库盘点乱且数量不准、出库拣货时间长且经常拣错货，以及货物损坏、丢失或过期等索赔问题。基于对每个货物的精准定位，结合 CV（计算机视觉），可以快速定位到破损或者滑落滑道的异常货品，并对滑道口堵塞、运输不通畅等作业进行预警。同时使上架作业的布局合理性与拣货的最佳路径结合做最优化库房上架管理，并且当货物流转到分拣中心时，可以有效防止货物被分拣到错误的网点或者分拣中心。

2. 车辆设备智能调度与安全管理

针对存储量大、流转量大、占地面积较大的物流仓库、港口码头等，通过室内定位技术实现对叉车/拖车的统筹管理，通过实现智能调配及合理路径规划防止走错位等情况，提高叉车/拖车利用效率；通过设置安全距离及电子围栏，最大限度防止人车碰撞事故。定内精准定位使仓库内叉车、地牛、笼车的管理更加简单，可操作性更高。实际应用方面，例如，对叉车作业时托盘货物的装卸、码垛、短距离运输，车辆的反向寻找、路径规划导航等，以及基于蓝牙 AoA 实时位置精准追踪可以做到人车安全、车车安全，减少仓内事故。

3. 物流作业人员高效管理

基于对人员的实时定位数据，进行人员考勤、工时统计、到岗/离岗等工作状态的管理等。室内精准定位技术，可以提升仓库工作人员的实时调度、作业区域管理、安全通道聚集预警的准确率。例如，库内常见的复核、拣货操作，可以根据人员和包裹的位置提前做好拣选路径优化，实现货物拣选的成本最优化。同时，不断记录人员的轨迹信息，对货物拣选行为做数据分析，通过无监督学习，持续优化拣货路径推荐结果。同时，人员热力图，也能辅助仓储内管理人员更加合理地进行人力布局以及做考勤等业务管理。

4. 载具管理与自动化

对承载货物的可移动货架、托盘、料箱等载具进行定位，通过对载具的有效管理，间接实现对其承载货物的有序化管理。另外，如今 AGV 等自动化设备应用越来越广泛，可通过定位技术实现 AGV 与载具的高效协作，实现自动化取货等功能，进一步释放自动化设备的价值。

5. 在物流机器人中的应用

综合采用激光雷达、惯性测量单元、里程计等多种传感器，感知环境中障碍物位置与自身运动状态信息，结合基于多传感融合的目标追踪或位置估计算法对机器人进行定位，并规划到达目标点的最优路径。采用的导航方式主要有磁导航、激光导航、RFID 导航、惯性导航、视觉导航、GPS/BDS 导航等。

第三节　状态感知与执行技术

一、传感器技术

传感器是指能感受规定的被测量，并按照一定的规律转换成可用输出信号的器件或装置。

（一）传感器技术概述

1.传感器技术的发展历程

传感技术大体可分三代，第一代是结构型传感器。它利用结构参量变化来感受和转化信号。例如，电阻应变式传感器，它是利用金属材料发生弹性形变时电阻的变化来转化电信号的。

第二代传感器是 20 世纪 70 年代开始发展起来的固体传感器，这种传感器由半导体、电介质、磁性材料等固体元件构成，是利用材料的某些特性制成的。例如，利用热电效应、霍尔效应、光敏效应，分别制成热电偶传感器、霍尔传感器、光敏传感器等。

20 世纪 70 年代后期，随着集成技术、分子合成技术、微电子技术及计算机技术的发展，出现了集成传感器。集成传感器包括传感器本身的集成化和传感器与后续电路的集成化两种类型。例如，电荷耦合器件（Charge Coupled Device，CCD）、集成温度传感器 AD590、集成霍尔传感器 UGN3501 等。这类传感器具有成本低、可靠性高、性能好、接口灵活等特点。集成传感器发展非常迅速，现已占传感器市场的 2/3 左右，它正向着低价格、多功能和系列化方向发展。

第三代传感器是 20 世纪 80 年代发展起来的智能传感器。所谓智能传感器是指其对外界信息具有一定检测、自诊断、数据处理以及自适应能力，是微型计算机技术与检测技术相结合的产物。80 年代智能化测量以微处理器为核心，把传感器信号调节电路、微计算机、存储器及接口集成到一块芯片上，使传感器具有一定的人工智能。90 年代智能化测量技术进一步发展，在传感器一级水平实现智能化，使其具有自诊断功能、记忆功能、多参量测量功能以及联网通信功能等。

2.传感器的组成

传感器的作用主要是感受和响应规定的被传感器是完成非电学量到电学量的转换。其组成并无严格的规定。

在具体实现非电量到电量的变换时，并非所有的非电量都能利用现有的技术手段直接变换为电量，而必须进行预变换，即先将待测的非电量变为易于转换成电量的另一种非电量。这种能完成预变换的器件称为敏感元件。

变换器是将感受到的非电量变换为电量的器件。例如，可以将位移量直接变换为电容、电阻及电感的电容变换器、电阻及电感变换器；能直接把温度变换为电势的热电偶变换器。显然，变换器是传感器不可缺少的重要组成部分。

在实际情况中，有一些敏感元件直接可以输出变换后的电信号，而一些传感器又不包括敏感元件，故常常无法将敏感元件与变换器严格区别开来。

传感器可以做得很简单，也可以做得很复杂；可以是无源的网络，也可以是有源的系统；可以是带反馈的闭环系统，也可以是不带反馈的开环系统；一般情况下只具有变换的功能，但也可能包含变换后信号的处理及传输电路甚至包括微处理器。因此，传感器的组成因不同情况而异。

3. 传感器的分类

由于被测参量种类繁多，其工作原理和使用条件又各不相同，传感器的种类和规格十分繁杂，分类方法也很多。

按输入量即测量对象的不同分类，传感器可分为温度传感器、压力传感器、称重传感器等。

按工作（检测）原理分类，传感器可分为电阻式、电容式、电感式、压电式、电磁式、磁阻式、光电式、压阻式、热电式、核辐射式、半导体式传感器等。

按照传感器的结构参数在信号变换过程中是否发生变化可分为物性型传感器和结构型传感器两类。物性型传感器在实现信号变换的过程中，结构参数基本不变，而是利用某些物质材料（敏感元件）本身的物理或化学性质的变化来实现，其一般没有可动结构部分，易小型化，故也被称作固态传感器，它是以半导体、电介质、铁电体等作为敏感材料的固态器件。结构型传感器依靠传感器机械结构的几何形状或尺寸（即结构参数）的变化而将外界被测参数转换成相应的电阻、电感、电容等物理量的变化，实现信号变换，从而检测出被测信号，如电容式、电感式、应变片式、电位差计式等。

根据敏感元件与被测对象之间的能量关系（或按是否需外加能源）可划分为能量转换型和能量控制型传感器两类。能量转换型传感器，又称为有源式、自源式和发电式传感器，其在进行信号转换时不需要另外提供能量，直接由被测对象输入能量，把输入信号能量变换为另一种形式的能量输出使其工作，如压电式、压磁式、电磁式、电动式、热电偶、光电池、霍尔元件、磁致伸缩式、电致伸缩式、静电式等传感器。能量控制型传感器，又称为无源式、他源式、参量式传感器，其在进行信号转换时，需要先供给能量，即从外部供给辅助能源使传感器工作，并且由被测量来控制外部供给能量的变化等。对于无源传感器，被测非电量只是对传感器中的能量起控制或调制作用，需要通过测量电路将它变为电压或电流量，然后进行转换、放大，以推动指示或记录仪表，如电阻式、电容式、电感式、差动变压器式、涡流式、热敏电阻、光电管、光敏电阻、湿敏电阻、磁敏电阻等。

按输出信号的性质可划分为模拟式传感器和数字式传感器两类。模拟式传感器将被测非电量转换成连续变化的电压或电流，如要求配合数字显示器或数字计算机，需要配备模/数（A/D）转换装置。数字式传感器能直接将非电量转换为数字量，可以直接用于数字显示和计算，可直接配合计算机，具有抗干扰能力强，适宜远距离传输等优点。

按照传感器与被测对象的关联方式（是否接触）可分为接触式和非接触式两类。接触式传感器，如电位差计式、应变式、电容式、电感式传感器等，其优点是将传感器与被测对象视为一体，传感器的标定无须在使用现场进行，缺点是传感器与被测对象接触会不可避免地对被测对象的状态或特性产生或多或少的影响。非接触式则没有这种影响，可以消除因传感器介入而使被测量受到的影响，提高测量的准确性，同时，可使传感器的使用寿命增加。但是非接触式传感器的输出会受到被测对象与传感器之间介质或环境的影响。因此传感器标定必须在使用现场进行。

按传感器构成可以划分为基本型、组合型和应用型三类。基本型传感器是一种最基本的单个变换装置。组合型传感器是由不同单个变换装置组合而成的传感器。应用型传感器是基本型传感器或组合型传感器与其他机构组合而成的传感器。例如，热电偶是基本型传感器，其与将红外线辐射转为热量的热吸收体组合成红外线辐射传感器，即一种组合传感器；把这种组合传感器应用于红外线扫描设备中，就是一种应用型传感器。

按传感器的作用形式来分类，可分为主动型和被动型传感器两类。主动型传感器又有作用型和反作用型，此种传感器能对被测对象发出一定探测信号，能检测探测信号在被测对象中所产生的变化，或者由探测信号在被测对象中产生某种效应而形成信号。检测探测信号变化方式的称为作用型，检测产生响应而形成信号方式的称为反作用型。被动型传感器只是接收被测对象本身产生的信号，如红外辐射温度计、红外摄像装置等。

另外，按检测功能可分为检测温度、压力、温度、流量计、流速、加速度、磁场、光通量等传感器；按传感器工作的物理基础可分为机械式、电气式、光学式、液体式等；按转换现象的范围可分为化学传感器、电磁学传感器、力学传感器和光学传感器；按材料可分为金属、陶瓷、有机高分子材料、半导体传感器等；按应用领域分为工业、民用、科研、医疗、农用、军用等传感器；按功能用途分为检测用、监视用、检查用、诊断用、控制用、分析用等传感器。

（二）新型传感器与常用传感器

1. 新型传感器

新型传感器是相对传统传感器而言的。传统传感器结构比较简单，功能也比较单一。随着相关技术的不断发展和制作工艺的不断进步，传感器也在不断进化和发展。当前使用的传感器主要为智能传感器、模糊传感器、微传感器和网络传感器。

（1）智能传感器

智能传感器是带有微处理器并兼有信息检测和信息处理功能的传感器，它能充分利用微处理器进行数据分析和处理，并能对内部工作过程进行调节和控制，使采集的数据最佳。与传统的传感器相比，智能传感器将传感器检测信息的功能与微处理器（CPU）的信息处理功能有机地结合在一起，从而具有了一定的人工智能，它弥补了传统传感器性能的不足，使传感器技术发生了巨大的变革，将传感器的发展提高到更高的层次。

与传统传感器相比，智能传感器的功能更加丰富和强大，具有自补偿、自校准、自诊断、自动数据处理、组态功能、双向通信和数字输出、信息存储与记忆以及分析、判断、自适应、自学习的功能。智能传感器具有精度高、高可靠性与高稳定性、高信噪比与高分辨率、自适应性强、性能价格比高等特点。由此可见，智能化设计是传感器传统设计中的一次革命，是世界传感器的发展趋势。

（2）模糊传感器

模糊传感器是在传统数据检测的基础上，经过模糊推理和知识合成，以模拟人类自然语言符号的形式输出测量结果的一类智能传感器。模糊传感器的核心部分就是模拟人类自然语言符号的产生及其处理。模糊传感器的"智能"之处在于可以模拟人类感知的全过程，核心在于知识性，知识的最大特点在于其模糊性。与传统传感器的区别是具有学习及可训练性。

模糊传感器由硬件和软件两部分构成。模糊传感器是以数值测量为基础，并能产生和处理与其相关的测量符号信息的装置，即模糊传感器是在经典传感器数值测量的基础上经过模糊推理与知识集成，以自然语言符号的描述形式输出的传感器。将被测量值范围划分为若干个区间，利用模糊集理论判断被测量值的区间，并用区间中值或相应符号进行表示，这一过程称为模糊化。对多参数进行综合评价测试时，需要将多个被测量值的相应符号进行组合模糊判断，最终得出测量结果。信息的符号表示与符号信息系统是研究模糊传感器的核心与基石。

与传统传感器不同，模糊传感器具有学习功能（监督学习、无监督学习算法）、推理联想功能（通过推理机构和知识库来实现）、感知功能（不仅输出数值量，还可输出语言符号量）以及通信功能等。

（3）微传感器

微传感器依赖于微机电系统（MEMS），MEMS系统的突出特点是其微型化，涉及电子、机械、材料、制造、控制、物理、化学、生物等多学科技术，其中大量应用的各种材料的特性和加工制作方法在微米或纳米尺度下具有特殊性。其典型特征是微型化零件；结构零件大多为二维的扁平零件；以半导体材料为主，越来越多地使用塑料材料；机械和电子部分集成为相应独立的子系统。

（4）网络传感器

网络传感器是指传感器在现场级实现网络协议，使现场测控数据就近登录网络，在网络覆盖范围内实时发布和共享，即能与网络连接或通过网络使其与微处理器、计算机或仪器系统连接的传感器。

根据所使用通信技术的不同，网络传感器分为基于现场总线的网络传感器和基于以太网的网络传感器两类。基于现场总线的网络传感器，连接智能现场设备和自动化系统的数字式、双向传输、多分支机构的通信网；支持全数字通信，可靠性高；其目标是实现信息处理的现场化。基于以太网的网络传感器，开放性好，通信速度快，价格低；其通过网络介质可直接接入 Internet。

网络传感器在分布式测控和嵌入式网络中具有良好的应用前景。分布式测控中，将网络传感器布置在测控现场，处于控制网络中的最低级，其采集到的信息传输到控制网络中的分布式智能节点，由它处理，然后传感器数据发送到网络中。网络中其他节点利用信息做出适当的决策，如操作执行器、执行算法。嵌入式网络中，如果能将嵌入式系统连接到 Internet 上，可方便、廉价地将信息传送到任何需要的地方。嵌入式网络不需要专用的通信线路，速度快，协议公开，适用于任何一种 Web 浏览器，信息反映形式多样。

2. 常用传感器

传感器的类型很多，品种繁杂。在智慧物流系统中，经常使用的传感器主要有以下几种。

（1）温湿度传感器

由于温度与湿度无论是从物理量本身，还是在实际生活中都有着密切的关系，所以产生了温湿度一体的传感器。温湿度传感器是指能将温度量和湿度量转换成容易被测量处理的电信号的设备或装置。市场上的温湿度传感器一般是测量温度量和相对湿度量。

温度传感器按检测方法可以分为接触式与非接触式两种。接触式温度传感器的检测部分与被测对象有良好的接触，又称温度计。温度计通过传导或对流达到热平衡，从而使温度计的示值能直接表示被测对象的温度，一般测量精度较高。在一定的测温范围内，温度计也可测量物体内部的温度分布。但对于运动体、小目标或热容量很小的对象则会产生较大的测量误差，常用的温度计有双金属温度计、玻璃液体温度计、压力式温度计、电阻温度计、热敏电阻和温差电偶等，广泛应用于工业、农业、商业等部门。非接触式温度传感器，它的敏感元件与被测对象互不接触，又称非接触式测温仪表。这种仪表可用来测量运动物体、小目标和热容量小或温度变化迅速（瞬变）对象的表面温度，也可用于测量温度场的温度分布。

湿度传感器的湿敏元件分为电阻式和电容式两种。湿敏电阻的特点是在基片上覆盖一层用感湿材料制成的膜，当空气中的水蒸气吸附在感湿膜上时，元件的电阻率和电阻值都发生变化，利用这一特性即可测量湿度。湿敏电容一般是用高分子薄膜电容制成的，常用的高分子材料有聚苯乙烯、聚酰亚胺、酪酸醋酸纤维等。当环境湿度发生改变时，湿敏电容的介电常数发生变化，使其电容量也发生变化，其电容变化量与相对湿度成正比。

未来的温湿度传感器在消费电子及物联网等领域拥有广阔前景。体积小、功耗小、成本低、集成度高的 IC 半导体温湿度传感器的产品，将得到更大的推广应用。

（2）光电传感器

光电传感器是利用光线检测物体的传感器的统称，是由传感器的发射部分发射光信号并经被检测物体的反射、阻隔和吸收，再被接收部分检测并转换为相应电信号来实现控制的装置。常用的有光敏电阻、光电开关、光电耦合器。

光敏电阻是用半导体材料制作，利用内光电效应工作的光电元件。在光线的作用下其阻值往往变小，这种现象称为光导效应，因此，光敏电阻又称光导管。在光敏电阻两端的金属电极之间加上电压，其中便有电流通过，受到适当波长的光线照射时，电流就会随光强的增加而变大，从而实现光电转换。光敏电阻没有极性，纯粹是一个电阻器件，使用时既可加直流电压，也可以加交流电压。

光电开关（光电传感器）是光电接近开关的简称，它是利用被检测物对光束的遮挡或反射，由同步回路选通电路，从而检测物体有无。物体不限于金属，所有能反射光线的物体均可被检测。当有被检测物体经过时，物体将光电开关发射器发射的足够量的光线反射到接收器上，于是光电开关就产生了开关信号。

（3）热释电传感器

存在于自然界的物体，如人体、火焰、冰块等都会发射红外线，但波长各不相同。人体温度为 36 ~ 37℃，所发射的红外线波长为 9 ~ 10μm，属远红外区；400 ~ 700℃的发热体，所发射的红外线波长为 3 ~ 5μm，属中红外区。热释电红外传感器不受白天黑夜的影响，可昼夜不停地监测，广泛用于防盗报警和物品检测。

用于人体感应的称为热释电人体红外传感器。其特点是只在外界的辐射而引起它本身的温度变化时，才给出一个相应的电信号，当温度的变化趋于稳定后就再没有信号输出，所以说热释电信号与它本身的温度的变化率成正比，或者说热释电红外传感器只对运动的人体敏感，应用于当今探测人体移动报警电路中。红外线热释电传感器对人体的敏感程度还和人的运动方向关系很大。红外线热释电传感器对于径向移动反应最不敏感，而对于横切方向（即与半径垂直的方向）移动则最为敏感。在现场选择合适的安装位置是避免红外探头误报、求得最佳检测灵敏度是极为重要的一环。

（4）超声波传感器

超声波传感器是利用超声波在超声场中的物理特性和各种效应而研制的，按其工作原理可分为压电式、磁致伸缩式、电磁式等，而以压电式最为常用。超声波传感器可分为超声波物位传感器和超声波流量传感器两种。

超声波物位传感器是利用超声波在两种介质的分界面上的反射特性制成的。如果从发射超声脉冲开始，到接收换能器接收到反射波为止的这个时间间隔为已知，就可以求出分界面的位置，利用这种方法可以对物位进行测量。根据发射和接收换能器的功能，传感器又可分为单换能器和双换能器。单换能器的传感器发射和接收超声波均使用同一个换能器，而双换能器的传感器发射和接收各由一个换能器进行。

超声波流量传感器的测定原理是多样的，如传播速度变化法、波速移动法、多普勒效应法、流动听声法等。但目前应用较广的主要是超声波传输时间差法。超声波在流体中传输时，在静止流体和流动流体中的传输速度是不同的，利用这一特点可以求出流体的速度，再根据管道流体的截面积，便可知道流体的流量。超声波流量传感器具有不阻碍流体流动的特点，可测量的流体种类很多，无论是非导电的流体、高黏度的流体，还是浆状流体，只要能传输超声波就可以进行测量。超声波流量计可用来对自来水、工业用水、农业用水等进行测量，还可用于下水道、农业灌溉、河流等流速的测量。

（5）烟雾传感器

烟雾传感器又称烟雾报警器或烟感报警器，能够探测火灾时产生的烟雾。内部采用了光电感烟器件，可广泛应用于商场、宾馆、仓库、机房、住宅等场所进行火灾安全检测。烟雾传感器可分为离子式烟雾传感器、光电式烟雾传感器和气敏式烟雾传感器三类。

离子式烟雾传感器是一种技术先进、工作稳定可靠的传感器，被广泛运用到各消防报警系统中，性能远优于气敏电阻类的火灾报警器。

光电式烟雾传感器内有一个光学迷宫，安装有红外对管，无烟时红外接收管收不到红外发射管发出的红外光，当烟尘进入光学迷宫时，通过折射、反射，接收管接收到红外光，智能报警电路判断是否超过阈值，如果超过则发出警报。

离子式烟雾报警器对微小的烟雾粒子的感应要灵敏一些，对各种烟均能衡响应；而前向式光电烟雾报警器对稍大的烟雾粒子的感应较灵敏，对灰烟、黑烟响应差些。当发生熊熊大火时，空气中烟雾的微小粒子较多，而闷烧的时候，空气中稍大的烟雾粒子会多一些。如果火灾发生后，产生了含有大量微小粒子的烟雾，离子烟雾报警器会比光电烟雾报警器先报警，此类场所建议安装离子烟雾报警器。闷烧火灾发生后，会产生大量的稍大的烟雾粒子，光电烟雾报警器会比离子烟雾报警器先报警，这类场所建议安装光电烟雾报警器。

气敏式烟雾传感器是一种检测特定气体的传感器。它将气体种类及其与浓度有关的信息转换成电信号，根据这些电信号的强弱就可以获得与待测气体在环境中的存在情况有关的信息，从而可以进行检测、监控、报警；还可以通过接口电路与计算机组成自动检测、控制和报警系统。主要包括半导体气敏传感器、接触燃烧式气敏传感器和电化学气敏传感器等，其中用得最多的是半导体气敏传感器。它的应用主要有一氧化碳气体的检测、瓦斯气体的检测、煤气的检测、氟利昂（R11、R12）的检测、呼气中乙醇的检测、人体口腔口臭的检测等。

（三）传感器在物流中的应用

传感器在物流领域的应用主要有两个方向，一是以智能传感器或微传感器的形式嵌入物流自动化设备中；二是以无线传感器的方式组成 WSN，用于物流的监控。

1. 传感器在堆垛机中的应用

堆垛机应用在立体仓库中，主要用途是在立体仓库的巷道间来回穿梭，将位于巷道口的货物存入货格或将货格中的货物取出运送到巷道口。堆垛机中使用的传感器主要有光电传感器、电感式接近开关、激光测距仪、区域扫描仪、限位开关、测量光幕、安全光幕和 RFID 等。

光电传感器的功能是堆垛上货监视，货架占用情况监测，货凸出监视；电感式接近开关的功能是保障堆垛机安全；激光测距仪的功能是堆垛机水平方向距离测量及堆垛距离测量；区域扫描仪的功能是巷道货物掉落监测、堆垛托盘损坏检测；限位开关的功能是移动终端位置检测，如果驶过终端位置，立即使驱动装置停止；安全光幕的功能是防止堆垛机工作时，工作人员误入，保护人员安全；RFID 的功能是堆垛机自寻轨道，空间定位和货物抓取识别。

2. 传感器在 AGV 中的应用

AGV 应用在智能搬运系统中，主要是沿规定的路径行驶，实现各种物料搬运。AGV 中使用的传感器主要有光电传感器、电感式接近开关、激光测距仪、区域扫描仪、限位开关、测量光幕、安全光幕和 RFID 等。

光电传感器用于监测货物有无及货物稳定性、车的方位等；电感式接近开关用于监测有无物体遮挡小车及小车是否偏离轨迹；激光测距仪用于保障车与车之间的安全距离，对叉车及负载进行定位；区域扫描仪在小车达到危险区或有障碍物体阻挡时，使小车减速或者立即停止；限位开关保证 AGV 装货、卸货的安全性；测量光幕用于测量货物的尺寸；安全光幕用于保障工作人员的安全；RFID的作用一是识别 AGV 位置，在各种关键节点对 AGV 实现控制；二是实现 AGV小车托盘对货物抓取的识别。

3. 传感器在输送机中的应用

输送机是在一定线路上连续输送货物的搬运机械。输送机的应用大大降低了人工成本，同时提高了工作效率。其所用传感器主要有光电传感器、电感式接近开关、激光测距仪、区域扫描仪、限位开关、测量光幕、安全光幕和 RFID 等。

光电传感器用于检测输送线上物品颜色、有无、倾斜等；电感式接近开关用于传送带上物料检测；激光测距仪用于保障货物安全距离以及传送带上货物高度测量；区域扫描仪用于保障工作人员安全；限位开关用于物料检测，防止传送带上物流堵塞；测量光幕用于货物检测；安全光幕在自动化输送机中台保护操作人员的安全；RFID 用于在传送带上阅读输送产品的电子标签。

4. 传感器在分拣机中的应用

分拣机应用在自动分拣系统中，主要是自动分拣货物，可节省人力。分拣机中所使用的传感器主要有光电传感器、电感式接近开关、激光测距仪、区域扫描仪、限位开关、测量光幕、安全光幕和 RFID 等。

光电传感器用于检测传送带上或集装箱内物料是否凸出；电感式接近开关用于传送带上物料监测；激光测距仪用于保障货物安全距离以及传送带上货物高度测量；区域扫描仪用于危险点的保护，防止人员进入危险区造成不必要的停机等；限位开关用于传送带物料检测，保障物品正确放置；测量光幕用于测量货物长、宽等；安全光幕用于保护工作人员的安全；RFID 用于对线上的货物芯片识别，实现准确分拣。

二、语音识别技术

随着智慧物流的不断发展，各种终端设备的智能化和集成化程度越来越高，传统的信息检索菜单操作方式已经无法满足要求。迫切需要一种更加便捷的信息检索和命令操作方式来替代传统的按键操作。语音识别技术是解决这一问题的重要技术手段。

（一）语音识别技术概述

语音识别技术，也被称为自动语音识别（ASR），属于人工智能方向的一个重要分支。其目标是将人类语音中的词汇内容转换为计算机可读的输入符号，如按键、二进制编码或者字符序列。语音识别正逐步成为计算机信息处理技术中的关键技术，语音识别技术的应用已经成为一个具有竞争性的新兴高技术产业。

1.语音识别的基本原理

不同的语音识别系统，虽然具体实现细节有所不同，但所采用的基本技术相似，包括特征提取、模式匹配、模型库3个基本单元。

未知语音经过话筒变换成电信号后加在识别系统的输入端，首先经过预处理，再根据人的语音特点建立语音模型，对输入的语音信号进行分析，并抽取所需的特征，在此基础上建立语音识别所需的模板。而计算机在识别过程中要根据语音识别的模型，将计算机中存放的语音模板与输入的语音信号的特征进行比较，根据一定的搜索和匹配策略，找出一系列最优的、与输入语音匹配的模板。然后根据此模板的定义，通过查表就可以给出计算机的识别结果。显然，这种最优的结果与特征的选择、语音模型的好坏、模板是否准确都有直接的关系。

2.语音识别的主要方法

一般来说，语音识别的方法有3种，即基于声道模型和语音识别的方法、模板匹配的方法以及利用人工神经网络（ANN）的方法。

（1）基于声道模型和语音识别的方法

基于声道模型和语音识别的方法起步较早，在语音识别技术刚提出时，就有了这方面的研究，但由于其模型及语音识别过于复杂，现阶段没有达到实用的程度。

通常认为常用语言中有有限个不同的语音基元，而且可以通过其语音信号的频域或时域特性来区分。该方法分两步实现：第一步，分段和标号，把语音信号按时间分成离散的段，每段对应一个或几个语音基元的声学特性，然后根据声学特性对每个段给出相近的语音标号；第二步，得到词序列，即根据第一步所得语音标号序列得到一个语音基元网格，从词典得到有效的词序列，也可结合句子的文法和语义同时进行。

（2）模板匹配的方法

模板匹配的方法发展比较成熟，目前已进入实用阶段。常用的技术有 3 种，分别是动态时间规整（Dynamic Time Warping，DTW）、隐马尔可夫（HMM）理论、矢量量化（Vector Quantization，VQ）技术。

DTW 是非特定人语音识别中一种简单有效的方法。该算法基于动态规划的思想，解决了发音长短不一的模板匹配问题，是语音识别技术中出现较早、较常用的一种算法。在应用 DTW 算法进行语音识别时，就是将已经预处理和分帧过的语音测试信号和参考语音模板进行比较以获取它们之间的相似度，按照某种距离测度得出两模板间的相似程度并选择最佳路径。

HMM 模型是语音信号处理中的一种统计模型，是由 Markov 链演变来的，所以它是基于参数模型的统计识别方法。其模式库是通过反复训练形成的，而不是预先储存好的模式样本。HMM 模型是较理想的语音识别模型。

VQ 是一种重要的信号压缩方法，与 HMM 相比，矢量量化主要适用于小词汇量、孤立词的语音识别。其过程是将若干个语音信号波形或特征参数的标量数据组成一个矢量，在多维空间进行整体量化。把矢量空间分成若干个小区域，每个小区域寻找一个代表矢量，量化时落入小区域的矢量就用这个代表矢量代替。

（3）利用人工神经网络的方法

利用人工神经网络（Artifical Neural Network，ANN）的方法是 20 世纪 80 年代末期提出的一种新的语音识别方法。ANN 本质上是一个自适应非线性动力学系统，模拟了人类神经活动的原理，具有自适应性、并行性、鲁棒性、容错性和学习特性；其强大的分类能力和输入／输出映射能力对于语音识别很有吸引力；其缺点是训练和识别时间太长。

由于 ANN 不能很好地描述语音信号的时间动态特性，所以常把 ANN 与传统识别方法结合，利用各自优点来进行语音识别。

（二）语音识别系统

语音识别系统是一种模式识别系统，其有两个发展方向。一是大词汇量连续语音识别系统，主要应用于计算机的听写机，以及与电话网或者互联网相结合的语音信息查询服务系统，这些系统都是在计算机平台上实现的。二是小型化、便携式语音产品的应用，如手机上的语音拨号、汽车设备的语音控制、智能玩具、家电遥控等，这些应用系统大多由专门的硬件系统实现，特别是近几年来迅速发展的语音信号处理专用芯片（ASIC）和语音识别片上系统（SoC）的出现，为其广泛应用创造了极为有利的条件。

1. 语音识别系统的分类

语音识别系统可以根据对输入语音的限制进行分类。

（1）根据说话者与识别系统的相关性分类

根据说话者与识别系统的相关性，可以将识别系统分为三类。

①特定人语音识别系统。仅考虑对专人的语音进行识别。

②非特定人语音系统。识别的语音与人无关，通常要用大量不同人的语音数据库对识别系统进行学习。

③多人的识别系统。通常能识别一组人的语音，或者成为特定组语音识别系统，该系统仅要求对要识别的那组人的语音进行训练。

（2）根据说话的方式分类

根据说话的方式分类，也可以将识别系统分为三类。

①孤立词语音识别系统。孤立词识别系统要求输入每个词后要停顿。

②连接词语音识别系统。连接词输入系统要求每个词都发音清楚，一些连音现象开始出现。

③连续语音识别系统。连续语音输入是自然流利的连续语音输入，大量连音和变音会出现。

（3）根据识别系统的词汇量大小分类

根据识别系统的词汇量大小，也可以将识别系统分为三类。

①小词汇量语音识别系统。通常包括几十个词的语音识别系统。

②中等词汇量的语音识别系统。通常包括几百个词到上千个词的语音识别系统。

③大词汇量语音识别系统。通常包括几千到几万个词的语音识别系统。随着计算机与数字信号处理器运算能力以及识别系统精度的提高，识别系统根据词汇量大小进行分类也在不断变化。目前是中等词汇量的语音识别系统，将来可能就是小词汇量的语音识别系统。这些限制也确定了语音识别系统的困难度。

2.语音识别系统的应用场景

语音识别系统的应用场景主要包括以下几个方面。

（1）语音输入

智能语音输入，可摆脱生僻字和拼音障碍，由实时语音识别实现，为用户节省输入时间、提升输入体验。

（2）语音搜索

语音识别技术可用于语音搜索中，直接以语音的方式输入搜索的内容，应用于手机搜索、网站搜索、车载搜索等多种搜索场景，很好地解放了人们的双手，让搜索变得更加高效。

（3）语音指令

语音识别技术可用于语音指令中，不需要手动操作，可通过语音直接对设备或者软件发布命令，控制其进行操作，适用于视频网站、智能硬件等各大搜索场景。

（4）社交聊天

语音识别技术可用于社交聊天中，直接用语音输入的方式转写成文字，让输入变得更快捷。或者在收到语音消息却不方便或者无法播放时，可直接将语音转换成文字进行查看，很好地满足了多样化的聊天场景，为用户提供了方便。

（5）游戏娱乐

语音识别技术可用于游戏娱乐中，在游戏时，双手可能无法打字，语音输入可以将语音转换成文字，让用户在游戏娱乐的同时，也可直观地看到聊天内容，很好地满足了用户的多元化聊天需求。

（6）字幕生成

语音识别技术可用于字幕生成中，可将直播和录播视频中的语音转换为文字，轻松便捷地生成字幕。

（7）会议纪要

语音识别技术可用于撰写会议纪要，将会议、庭审、采访等场景的音频信息转换为文字，通过实时语音识别即时实现，有效降低人工记录的成本，提升效率。

（三）语音识别技术在物流中的应用

语音识别技术在物流领域的应用才刚刚起步，目前典型的应用是基于语音的智能分拣和智能客服。

1.语音辅助拣选

语音识别技术与拣选的结合产生了语音拣选技术，目前已经在部分大型仓储中心应用。

语音拣选可以简单地分为 3 个步骤。第一步，操作员听到语音指示，指令给了作业人员一个巷道号和货位号，系统要求他说出货位校验号；第二步，操作员会把这个货位校验号读给系统听，当得到确认后，系统会告诉他所需选取的商品和数量；第三步，操作员从货位上拿下商品，然后进入下一个作业环节。

语音拣选相较于清单和 RF 作业有着更高的效率。语音拣选技术能完美体现高效拣货的优势，以"解放双手、解放双眼"的轻松工作方式，使操作人员抛开了纸、笔、标签、扫描器、显示器等的羁绊，连续地、高效地、专心地操作，作业效率大幅提升。据专业中心测试，相对于 RF（Radio Frequency，RF）拣选，语音拣选的效率平均提高了 28%，对比清单式拣选更是提升了将近一倍的效率。

在语音拣选技术使用的初期，由于语音识别技术不完善，准确率不高。为了保障准确率，语音识别技术中采用了"校验码"机制，所谓校验码就是贴在各拣货位的数字标识码，当操作员读出的数字与其听到的后台系统中的校验码相符合时，系统将指示操作员在该货位拣取相应数量的货物，否则系统将告知操作员"位置错误"。由此可见，只有听到正确的校验数字后，系统才会向操作员提供拣货数量，这样就避免了误操作。同时，为了提高拣选效率，语音拣选系统可以采取路径优化算法，最小化拣选人员的走动时间和距离。系统还可以自动提交缺货信息，当执行拣选作业出现货物短缺情况时，系统可自动生成补货清单并提交至WMS 系统后进行二次拣选。

2. 智能客服

客户关系管理（Customer Relationship Management，CRM）是物流管理中的重要内容。语音识别技术的应用将会进一步提高 CRM 的智能化水平。语音识别技术的应用推动了物流服务由传统的人工服务向智能客服发展，通过语音识别与声纹识别的技术，不仅可以对客户说话的内容进行语音语义分析，挖掘客户潜在需求，进行用户画像，提供个性化的客户服务与产品的精准营销，还可以对对话内容的合规性进行稽核与审查，进一步提升服务满意度。

物流领域的智能客服特指以智能语音和自然语言处理（Natural Language Processing，NLP）技术为代表的客服机器人。从服务类型上可以分为以语音导航、业务识别、智能派单、座席辅助为主的语音智能客服和以文字查询、业务识别为主的文字智能客服，两者分别服务于电话呼入和客户端、小程序等终端入口。

智能客服主要的发展方向仍是以语音交互为依托的人机协作模式，按照服务内容可以分为五个发展阶段，目前物流领域市场整体处于 2.0 阶段。在快递快运和即时物流等领域，"三通一达"、顺丰、美团和饿了么为主的头部公司均已上线了语音和文字智能客服，其服务半径辐射 80% 以上终端消费者。智能客服通过人机协同的方式，降低了人工客服的培训成本，提高了单位执行效率，甚至在文字客服流程性问题解答方面，也能够部分取代人工。目前 AI 技术的应用能节省整体客服运营中 10% 的成本，一些技术领先的企业则可以将这一数字提升至30%～40%。以圆通速递为例，高峰期每日电话呼入量超 200 万个，需要 5000人工座席处理，在配备智能语音客服机器人后，高峰期 90% 以上电话呼入可通过语音机器人处理，日均服务量超 30 万，每秒可处理并发呼入量超 1 万次，在控制成本的前提下，极大地释放了人工效率。

3. 语音智能控制

语音智能控制目前主要应用在智能家居中。相对于传统的控制、交互形式，在智能家居领域使用语音交互会使生活更加便捷。亚马逊、谷歌、百度、小米、阿里巴巴等企业都先后发布了自己的智能音箱产品。目前，智能音箱作为所有智能家居交互的入口，扮演着一个非常重要的角色，且不用附加在一些重服务家电上。除了常规的日程设置、音乐播放、天气等信息查询，智能音箱还可以控制灯光、空调、电视、窗帘、门窗、安防与监控等。未来的家居场景，是全屋产品的智能化，届时语音与其他技术会更加深度地融合。

随着智慧物流发展的不断深入，仓库、配送中心、分拣中心等物流作业场景中也将会产生智能控制的需求。语音智能控制能够进一步解放现场作业人员的双手，提供更人性化的作业环境。

三、机器视觉技术

机器视觉主要用计算机来模拟人的视觉功能，从客观事物的图像中提取信息，进行处理并加以理解，最终用于实际检测、测量和控制。机器视觉的引入，代替传统的人工检测方法，能够促进现代物流自动化的发展，提高物流系统的生产效率。

（一）机器视觉技术概述

机器视觉是通过光学的装置和非接触的传感器自动地接收和处理一个真实物体的图像，以获得所需信息或用于控制机器人运动的装置。机器视觉技术是一门涉及人工智能、神经生物学、心理学、计算机科学、图像处理、模式识别等诸多领域的交叉学科。

1. 机器视觉的优势

与传统的人工作业相比，机器视觉具有明显的优势。

（1）精度高

机器视觉能够在工业生产领域替代人工检测，其非接触与高精密度的优势是人工无法比拟的。作为一种精确的测量仪器，设计优秀的视觉系统能够对1000个或更多部件进行空间测量。因为这种测量不需要接触，所以对脆弱部件没有磨损和危险。

（2）连续性

在流水线重复且机械化的检测过程中，人工检测容易出现疲劳而导致检测效率降低，而机器视觉不知疲倦，无须休息，能够大幅提高检测效率，甚至能够达到人工10倍以上。

（3）降低成本

机器视觉属于一次性投入，可以减少工业生产中人工及管理成本的长期投入。同时检测速度更快，单位产品检测成本更低。

随着计算机处理器价格的急剧下降，机器视觉系统成本效率进一步提高。例如，在某些国家，一个价值10000美元的视觉系统可以轻松取代3个人工探测者，而每个探测者每年需要20000美元的工资。另外，视觉系统的操作和维持费用非常低。

（4）提升品质

机器视觉对比人工，检测精度更高，同时也能够避免人工的情绪化而导致的误差，提升检测的准确性，进一步提高产品品质。

（5）提高数字化程度

机器视觉不仅能够自动备份所有检测数据，而且能够直接复制或以网络连接方式复制，便于生产过程统计和分析。

2. 机器视觉技术的应用范围

（1）图像识别

图像识别是利用机器视觉对图像进行处理、分析和理解，以识别各种模式的目标和对象。图像识别在机器视觉工业领域最典型的应用就是识别二维码。将大量的数据信息存储在小小的二维码中，通过条码对产品进行跟踪管理，大大提高了现代化生产的效率，例如，食品行业自动识别保质期等。

（2）图像检测

几乎所有产品都需要图像检测，而人工检测准确性低，检测速度慢，影响生产效率。机器视觉在图像检测方面应用广泛。在汽车工业中，常用于检测有缺陷的液晶显示器；装配错误的仪表板开关；马达线的连接质量及焊接缺陷等。此外还广泛应用于印刷、食品、医药等领域。

（3）视觉定位

视觉定位要求机器视觉系统能够快速准确地找到被测零件并确认其位置。在半导体封装领域，设备需要根据机器视觉取得的芯片位置信息调整拾取头，准确拾取芯片并进行绑定；而在金属涂覆时，由机器视觉测量喷嘴与被涂覆钢材间的间隙，通过控制喷嘴与被涂表面间的间隙来保持气体压力始终如一，以减少涂层质量的波动。

（4）物体测量

机器视觉工业应用最大的特点就是其非接触测量技术，同样具有高精度和高速度的性能。常见的测量应用包括齿轮、接插件、汽车零部件、IC 元件引脚、麻花钻检测等。

（5）物体分拣

物体分拣应用是识别、检测之后的一个环节，通过机器视觉系统处理图像，实现分拣。在机器视觉工业应用中常见的有食品分拣、零件表面瑕疵自动分拣、轴承钢球漏装、说明书或标签缺失等。

（二）机器视觉系统

机器视觉系统是指通过机器视觉产品（即图像摄取装置，分 CMOS 和 CCD 两种）把图像抓取到，然后将该图像传送至处理单元，通过数字化处理，根据像素分布和亮度、颜色等信息，来进行尺寸、形状、颜色等的判别，进而根据判别的结果来控制现场的设备动作。

典型的工业机器视觉系统一般包括光源、光学成像系统、图像捕捉系统、图像采集与数字化、智能图像处理与决策、控制执行模块等。

典型的工业机器视觉系统的工作流程是：选择适当光源，以恰当角度照射被检测物，CCD 照相机获取到的目标信息通过计算机转换成图像信号，传送给专用的图像处理系统，根据图像像素分布和亮度、颜色等信息，通过 A/D 转换将模拟信号转变成数字信号，图像处理系统对这些信号进行运算，抽取目标的特征，如面积、数量、位置、长度，再运用模式识别技术对特征进行分类整理，实现自动识别与控制。

（三）机器视觉技术在物流中的应用

机器视觉技术在物流领域有着较为广泛的应用。目前主要的应用场景有仓储作业现场管理、物流作业流程管理和基于机器视觉技术的导航（VSLAM）3 种。这里主要介绍前两种。

1. 仓储作业现场管理

仓储是物流的重要环节，仓储作业现场管理是机器视觉技术的主要应用场景之一。其实现途径是以高清摄像头为硬件载体，通过计算机视觉技术监测并识别仓储现场中人员、货物、车辆的行为与状态。根据作业环境，可以将机器视觉技术在仓储现场管理中的具体应用分为仓内现场管理与场院现场管理。

（1）仓内现场管理

计算机视觉技术在仓内现场管理的应用场景，一是针对仓内工作人员的行为进行实时监测，识别并记录暴力分拣、违规搬运等容易对货物、包裹造成破坏及损伤的行为，采集行为实施人员的相关信息；二是监测仓内流转的货物、包裹的外观情况，识别并判断包裹的破损情况，对存在明显破损的包裹进行预警上报。在仓内现场管理中引入计算机视觉技术，能够起到监督与规范员工行为、降低货物破损与丢失概率、减少理赔成本等作用。

（2）场院现场管理

场院现场管理的主要对象是各类运输车辆。人工智能技术在场院现场管理系统中的作用即监测、分析车辆从进入物流园区或中转场院到离开的全过程，核心应用是车牌识别及车辆装载率识别。车牌识别在日常生活中已相当普遍，但由于运输车辆的车体较大、车牌位置不定且经常出现脏污遮挡，因此场院管理场景对车牌定位、字符分割和光学字符识别算法的要求更高；装载率识别是通过装卸口或装卸月台设置的摄像头获取车厢现有货物空间及剩余空间，计算分析过程装载率与即刻装载率。在场院现场管理中引入计算机视觉技术，能够持续采集场院内车辆信息，为管理系统提供车辆装载率、车辆调度、运力监测和场地人员能效等基础数据，优化运力成本。

2. 物流作业流程管理

机器视觉技术在物流作业环境中的应用主要包括条码识别、物品检测和物品分拣等。

（1）在条码识别环节的应用

条码广泛应用于物流作业过程。传统的条码识别器，依赖于人工，受限于旧的识别技术和本身运动速度等因素，工作效率和识别率都不高。当前可使用的机器视觉技术，是通过高速摄像头直接采集物流产品条码图像，然后通过计算机数据库进行图像预处理、比对，将条码信息读取并校验。且能直接将物品图像一起采集备案，确保各个环节信息一致。

（2）在物品检测环节的应用

在物品检测环节，机器视觉功不可没。在传送带运行过程中，高清精密摄像头每时每刻都在对物品相关信息进行分析处理，监测到不合格的物品时立刻向机器人本体传递信号，这时机器人就下达指令将废料剔除。同时，在快递物流物品检测过程中，经常出现人工操作误差较大的情况，在一定程度上降低了检测结果的准确性。利用机械视觉技术可以快速检测出物品存在的安全及其他问题，使最终的检测结果更加精准，进而对产品质量进行有效掌控。例如，将运往不同地区的快递进行分拣，车间工人们难免会有疲劳工作的时候，这就导致分拣精确度降低，而从目前应用机器视觉之后的经验来看，机器视觉系统可以实现在一分钟内完成上百件物品的检测，并且误差精准度可以精确到 0.01 毫米。

（3）在物品分拣环节的应用

机器视觉分拣系统，一般包括机器视觉的载体部分（工业机器人本体）、高清相机（工业用相机）、传输带 PLC 或其他传输单元、控制及监测计算机、照明光源等。不同类型的物品被放至传送带上并处于高清相机的拍照范围以内，高清相机通过连续快速采集图像，传送至计算机进行图像处理，得出物品位置坐标并进行物品识别。然后，将信息传送至机器手臂，实现对抓取部分的控制以完成分拣工作。

四、物流机器人技术

物流机器人属于工业机器人的范畴。近年来，机器人产业发展已经成为智能制造中一个重要的方向。为了扶持机器人产业发展，国家陆续出台多项政策。其中，物流机器人受益很大，发展迅速。

（一）工业机器人概述

工业机器人是广泛用于工业领域的多关节机械手或多自由度的机器装置，具有一定的自动性，可依靠自身的动力能源和控制能力实现各种工业加工制造功能。工业机器人已被广泛应用于物流领域，取代人工完成物流的相关作业，属于智慧物流系统的前端执行机构。

1. 工业机器人的优势

相比传统的工业设备，工业机器人有众多的优势，例如，机器人具有易用性、智能化水平高、生产效率及安全性高、易于管理且经济效益显著等特点，这使它们可以在高危环境下进行作业。

（1）机器人的易用性

在我国，工业机器人广泛应用于制造业，不仅仅应用于汽车制造业，大到航天飞机、军用装备、高铁的生产和开发，小到圆珠笔的生产都有广泛的应用，并且已经从较为成熟的行业延伸到食品、医疗、物流等领域。由于机器人技术发展迅速，与传统工业设备相比，不仅产品的价格差距越来越小，而且产品的个性化程度高，因此在一些劳动强度大的环节，可以让工业机器人替代传统的物流设备，这样就可以在很大程度上提高经济效率。

（2）智能化水平高

随着计算机控制技术的不断进步，工业机器人将逐渐能够明白人类的语言，同时工业机器人可以完成分拣、打包、拆码垛和粘贴标签等复杂的操作，这样可以进一步将工人从繁重机械的作业中解放出来。例如，智能包装机器人可以完成被包装对象的体积测定、包装材料选择、粘贴发票、自动打包、粘贴运单等一系列操作；先进的拆码垛机器人能够按货品自动生成个性化垛型，能够自动适配每种货品。

（3）生产效率及安全性高

人工作业会因为疲劳而导致生产效率下降，甚至出现安全事故。机器人则不同，不会因为工作时长的积累而疲劳，可以维持相对稳定且高效的输出。同时，还可以避免因不熟悉工作流程、工作疏忽等而导致安全生产隐患。必要时，还可以根据单位时间内作业量的大小，自动调节作业的频率。例如，新型的分拣机器人每小时可拣选 3600 次；基于智能机器人的出入库作业系统每小时可出入库 1000 箱物品，其作业效率远远超出了人工作业的水平。

（4）易于管理，经济效益显著

工业机器人投入生产后，物流企业可以很清晰地知道自己每天的产能，从而根据自己所能达到的产能接收订单和组织生产，而不会盲目预估产能。同时，工业机器人可以 24 小时循环工作，避免员工长期高强度工作后因疲劳、生病而请假等误工的情况，从而做到产能的最大化，并且无须给予加班费。另外，与人员管理相比，对机器人的管理要简单得多。工业机器人投产后，只需要少数的操作和维护人员就可以维持整个生产系统的运行，其经济效益也更加显著。

2. 工业机器人的结构

一般来说，工业机器人由三大部分 6 个子系统组成。三大部分是机械部分、传感部分和控制部分。6 个子系统可分为机械结构系统、驱动系统、感知系统、机器人—环境交互系统、人机交互系统和控制系统。

（1）机械结构系统

从机械结构来看，工业机器人总体上分为串联机器人和并联机器人。串联机器人的特点是一个轴的运动会改变另一个轴的坐标原点，而并联机器人一个轴运动不会改变另一个轴的坐标原点。早期的工业机器人都是采用串联机构。并联结构定义为动平台和定平台，通过至少两个独立的运动链相连接，结构具有两个或两个以上自由度，且以并联方式驱动的一种闭环结构。并联结构有两个构成部分，分别是手腕和手臂。手臂活动区域对活动空间有很大的影响，而手腕是工具和主体的连接部分。与串联机器人相比，并联机器人具有刚度大、结构稳定、承载能力大、微动精度高、运动负荷小的优点。在位置求解上，串联机器人的正解容易，但反解十分困难；而并联机器人则相反，其正解困难，反解却非常容易。

（2）驱动系统

驱动系统是向机械结构系统提供动力的装置。根据动力源不同，驱动系统的传动方式分为液压式、气压式、电气式和机械式4种。早期的工业机器人采用液压驱动。由于液压系统存在泄漏、噪声和低速不稳定等问题，并且功率单元笨重和昂贵，目前只有大型重载机器人、并联加工机器人和一些特殊应用场合使用液压驱动的工业机器人。气压驱动具有速度快、系统结构简单、维修方便、价格低等优点。但是气压装置的工作压强低，不易精确定位，一般仅用于工业机器人末端执行器的驱动。气动手抓、旋转气缸和气动吸盘作为末端执行器可用于中、小负荷的工件抓取和装配。电力驱动是目前使用最多的一种驱动方式，其特点是电源取用方便，响应快，驱动力大，信号检测、传递、处理方便，并可以采用多种灵活的控制方式，驱动电机一般采用步进电机或伺服电机，目前也有采用直接驱动电机的情况，但是造价较高，控制也较为复杂，和电机相配的减速器一般采用谐波减速器、摆线针轮减速器或者行星齿轮减速器。由于并联机器人中有大量的直线驱动需求，直线电机在并联机器人领域已经得到了广泛应用。

（3）感知系统

机器人感知系统把机器人各种内部状态信息和环境信息从信号转变为机器人

自身或者机器人之间能够理解和应用的数据和信息，除了需要感知与自身工作状态相关的机械量，如位移、速度和力等，视觉感知技术是工业机器人感知的一个重要方面。视觉伺服系统将视觉信息作为反馈信号，用于控制调整机器人的位置和姿态。机器视觉系统还在质量检测、识别工件、食品分拣、包装的各个方面得到了广泛应用。感知系统由内部传感器模块和外部传感器模块组成，智能传感器的使用提高了机器人的机动性、适应性和智能化水平。

（4）机器人—环境交互系统

机器人—环境交互系统是实现机器人与外部环境中的设备相互联系和协调的系统。机器人与外部设备集成为一个功能单元，如堆码垛单元、包装单元、分拣单元等。当然也可以是多台机器人集成为一个执行复杂任务的功能单元。

（5）人机交互系统

人机交互系统是人与机器人进行联系和参与机器人控制的装置。例如，计算机的标准终端、指令控制台、信息显示板、危险信号报警器等。

（6）控制系统

控制系统的任务是根据机器人的作业指令以及从传感器反馈回来的信号，支配机器人的执行机构去完成规定的运动和功能。如果机器人不具备信息反馈特征，则为开环控制系统；如果具备信息反馈特征，则为闭环控制系统。根据控制原理可分为程序控制系统、适应性控制系统和人工智能控制系统。根据控制运动的形式可分为点位控制和连续轨迹控制。

（二）物流机器人及应用

物流机器人是指应用于物流各作业场景，取代人工作业的各种工业机器人。

1. 物流机器人的分类

物流机器人因分类标准不同，有不同的分类方式。

按应用领域，物流机器人分为两类，一类用于工业制造，另一类用于商业物流。在工业制造领域，汽车、电子、金属加工等行业依然是物流机器人的主要应用行业；在商业物流领域，电商、快递行业对具有分拣功能的物流机器人的需求最为迫切。

按其所具有的功能，物流机器人可分为装卸搬运机器人、分拣机器人、拆码垛机器人、智能包装机器人等。各种类型的机器人分布在智慧仓储的各个作业环节，协同运作以完成仓储作业的部分或全部任务。

按其所具有的智能化程度，物流机器人可分为程序控制机器人、自适应机器人和智能机器人等。程序控制机器人可以按照预先设定的程序执行动作，一般不能灵活地适应外界环境的变化，多用于执行重复性的工作。自适应机器人能够通过传感器等设备感知外部环境，并能够根据环境变化自动修正自己的行为，从而拥有了一定的智能；但其还不能完全自主行动，需要操作员协调才能完成工作。智能机器人是智能化程度最高的机器人，具有自我学习和决策的能力，是当前物流机器人中研究的热点，也是下一步物流机器人发展的重点。

2. 物流机器人的主要类型

智慧仓储是物流机器人应用的主要场景，涉及的机器人主要有 AGV、AMR、RGV 和搬运机械臂四种类型。

（1）自动导引搬运车（AGV）

AGV 集声、光、电、计算机技术于一体，应用了自控理论和机器人技术，具备目标识别、避让障碍物和各种移载功能，同时具有自我安全保护的应急能力。

AGV 一般可按 3 种方式来分类，即导引方式、驱动方式和移载方式。按导引方式，主要包括电磁导引、磁带导引，激光导引，二维码导引、视觉导引、光学导引、惯性导引等类型；按驱动方式分主要包括单驱动、差速驱动、双驱动、多轮驱动等类型；按移载方式（执行机构）主要包括叉车式、潜伏顶升式、翻盘式、牵引式、背负式、推挽式、龙门式等类型。

（2）自主移动机器人（AMR）

AMR 是集环境感知、动态决策规划、行为控制与执行等多功能于一体的综合系统。与 AGV 相比，AMR 不需要依靠磁条或者二维码等进行定位导航，具备环境感知、自主决策和控制能力，可根据现场情况动态规划路径，自主避障，是目前技术最先进的移动机器人。

AMR 因其多功能性和易于集成到现有基础设施的特点，被广泛应用于制造、仓库和物流行业。

（3）穿梭车（RGV）

穿梭车又称为轨道式导引车（Rail Guided Vehicle，RGV），具有速度快、可靠性高、成本低等特点。RGV 在物流系统中有着广泛的应用，主要用于物品搬运、出库、入库等。

RGV 是伴随着物流自动化系统和自动化仓库而产生的设备。它既可作为立体仓库的周边设备，也可作为独立系统。

（4）搬运机械臂穿梭小车运行

搬运机械臂，也可称为搬运机械手、搬运机器人，是用于物流搬运领域的工业机器人。其具有和人类手臂相似的构造，或者与人类手臂有许多相似的能力，可以由人类给定一些指令，按给定程序、轨迹和要求实现自动抓取、搬运和操作。3D 视觉和深度学习技术的应用进一步提高了搬运机械臂的性能。

抓取点侦测（Grasp Detection）是机械手臂的关键技术。传统方法需要先给定被抓取物的 3D 模型，将这个模型比对到 3D 传感器所拍摄到的点云当中，接着使用模型上的默认位置抓取。这种方式用在稀疏的点云上存在很多不足，特别是在多个物体堆叠的情况之下，遮蔽或是只看到部分物件，模型比对会有相当大的挑战。随着计算机视觉技术的突破，抓取点侦测被转化为类似物体侦测的工作，在输入的 RGB-D（2.5D）或是点云 3D 数据中，先产生相当多的候选抓取点（Grasp Proposal），接着利用深度学习网络选取适合的抓取点，无须事先给定 3D 模型。

搬运机器臂已经广泛应用于电子、食品、饮料、烟酒等行业的纸箱包装产品和热收缩膜产品码垛、堆垛作业，特别是在高温、高压、多粉尘、易燃、易爆、放射性等恶劣环境中，以及笨重、单调、频繁的操作中代替人作业，能够使人从繁重的工作中解放出来，提升工作效率。

3. 典型物流机器人产品

我国物流机器人产业发展迅速，物流机器人的功能更加完善，品种更加丰富，系列更加齐全。从场景驱动的角度，代表型企业有京东物流、菜鸟、苏宁物流、海康物流机器人等；从技术驱动的角度，代表型企业有极智嘉、灵动科技、快仓、海柔创新、隆博科技、马路创新等。

（1）极智嘉全品类物流机器人

极智嘉 Geek+ 是全球 AMR 引领者，提供全品类物流机器人产品与解决方案，业内首创"机器人即服务"（Robot as a Service，RaaS），致力于成为全球领先的人工智能和机器人公司，打造智慧物流的基础设施和服务网络，帮助客户与合作伙伴实现数字化和智慧化的敏捷供应链。

在西门子开关智慧工厂项目中，极智嘉提供了创新的智能仓组合方案。使用的机器人包括货到人拣选机器人 P800、货箱到人拣选机器人 C200S、四向穿梭车和智能搬运机器人 M1000，以及 AI 算法和智能系统。该方案解决了库内 20 多万个仓库存储单元（SKU）原材料的收货、分区存储、齐套发运、产线领料等流程问题，实现行业突破。

（2）灵动科技仓库全流程 AMR 产品

灵动科技是全球领先的 AMR 企业，为制造业和仓储业提供机器人搬运和拣选解决方案。灵动科技 AMR 凭借柔性、视觉、跨场景、全流程的强大优势，持续帮助企业降本增效。

灵动科技的主要产品包含 Flex 系列、Max 系列 AMR 机器人及 f（x）智能调度系统。其产品载重从 50 千克到 1.2 吨，可应用于各类仓储物流和制造业车间内物流。

（3）快仓 QuickPick 智能机器人解决方案

快仓智能科技成立于 2014 年，致力于打造下一代智能机器人及机器人集群操作系统，是全球第二大的智能仓储机器人系统解决方案提供商，是"人工智能 +"智能机器人领域的头雁企业，拥有目前国内规模最大的千台级机器人智能仓。

快仓全球首创的 QuickPick 智能机器人解决方案，通过高效率、高存储、高稳定性的智能料箱机器人与小巧轻盈、高效灵活、高性价比的智能载具搬运机器人结合，实现了"密集存储＋货到人拣选"，有效解决了"超高出入库流量"要求下"拆零拣选及海量 SKU 退货"人工作业效率的痛点。

（4）海康物流机器人

杭州海康物流机器人是面向全球的移动机器人、机器视觉产品提供商。公司依托近千人的专家级研发团队，布局移动机器人、机器视觉等业务领域，通过对软硬件产品及平台的研发创新，致力于持续推动智能化，引领智能制造进程。

海康机器人单件分离系统以 RGB–D 智能立体相机为核心，依托自主研发的 3D 处理技术以及深度学习技术，对包裹进行实时精准定位，再通过同样自主研发的智能控制系统、控制模组带完成包裹的分离，实现包裹单个通过且相互之间保持固定间隔。适用于前端卸车后 DWS/ 读码设备前和末端矩阵分拣后读码设备前。

（5）京东物流天地狼机器人

京东物流天地狼机器人是一款可以在货架内移动到任意储位的三维机器人。在平面以 AGV 模式行走，在轨道内以 RGV 模式高速穿行，沿着立柱轨道垂直运动。天地狼系统通过机器人三维移动实现存储、拣选系统，机器人可高效移动到任意立体空间存储位，通过增减机器人数量实现不同流量场景的应用。

参考文献

[1] 代四广 . 供应链大数据理论、方法与应用 [M]. 北京：机械工业出版社，2023.

[2] 王莉芳,温文,毕溪纯 . 区块链技术赋能物流供应链企业信任关系 [M]. 北京:科学出版社，
    2023.

[3] 朱传波 . 物流与供应链管理—新商业、新链接、新物流 [M].2 版 . 北京:机械工业出版社，
    2023.

[4] 王睿 . 智慧供应链 [M]. 北京：电子工业出版社，2023.

[5] 刘伟华 . 推进智慧供应链创新与应用的政策体系研究 [M]. 北京：中国社会科学出版社，
    2023.

[6] 王茜，钟惺，张卫林 . 智慧物流与供应链基础 [M]. 成都：西南财经大学出版社，2023.

[7] 孙明贺 . 智慧物流与供应链基础 [M]. 北京：机械工业出版社，2023.

[8] 童培国，巩学刚 . 集团管控模式下山东能源集团全供应链智慧物供体系创新实践 [M].
    徐州：中国矿业大学出版社，2023.

[9] 贾春玉，刘富成，钟耀广 . 智慧物流现代物流与供应链管理丛书仓储与配送管理 [M].2
    版 . 北京：机械工业出版社，2023.

[10] 操露 . 智慧仓储实务规划、建设与运营 [M]. 北京：机械工业出版社，2023.

[11] 佟昕 . 供应链大数据分析与应用 [M]. 北京：北京理工大学出版社，2022.

[12]韩胜建.制造业管理人员玩转大数据大数据赋能供应链管理[M].北京:机械工业出版社，
    2022.

[13] 朱礼龙 . 大数据时代供应链竞争情报方信息源选择研究 [M]. 合肥：合肥工业大学出版社，2022.

[14] 赵先德，唐方方 . 区块链赋能供应链 [M]. 北京：中国人民大学出版社，2022.

[15] 沈孟如，王书成，王喜富 . 物联网在中国物联网与供应链 [M]. 北京：电子工业出版社，2022.

[16] 刘伟华，李波 . 智慧供应链管理 [M]. 北京：中国财富出版社，2022.

[17] 蔡源，宋卫 . 智慧供应链管理慕课版 [M]. 北京：人民邮电出版社，2022.

[18] 洪琼，张浩，章艳华 . 智慧物流与供应链基础 [M]. 北京：北京理工大学出版社，2022.

[19] 施云 . 智慧供应链架构从商业到技术 [M]. 北京：机械工业出版社，2022.

[20] 陈栋 . 物流与供应链管理智慧化发展探索 [M]. 长春：吉林科学技术出版社，2021.

[21] 缪兴锋，别文群 . 数字供应链管理实务 [M]. 北京：中国轻工业出版社，2021.

[22] 王佳元，洪群联 . 现代供应链国家战略研究 [M]. 北京：中国计划出版社，2021.

[23] 唐隆基，潘永刚 . 数字化供应链转型升级路线与价值再造实践 [M]. 北京：人民邮电出版社，2021.

[24] 柳荣，沙静 . 供应商管理与运营实战 [M]. 北京：人民邮电出版社，2021.

[25] 刘恒宇 . 数据驱动下的果蔬供应链管理 [M]. 北京：北京邮电大学出版社，2021.

[26] 胡锦，韩丽 . 大数据环境下跨境电商运营管理创新 [M] 长春：吉林人民出版社，2021.

[27] 施先亮 . 智慧物流与现代供应链 [M]. 北京：机械工业出版社，2020.

[28] 刘双林 . 现代智慧供应链体系建设供应链运营中心创新与实践 [M]. 石家庄：河北科学技术出版社，2020.

[29] 段宏涛，康凯，刘玉奇 . 链商与直播 [M]. 北京：知识产权出版社，2020.

[30] 魏学将，王猛，张庆英 . 智慧物流概论 [M]. 北京：机械工业出版社，2020.

[31] 田源 . 逆向物流管理 [M]. 北京：机械工业出版社，2020.

[32] 梁金萍，齐云英 . 运输管理 [M].3 版 . 北京：机械工业出版社，2020.

[33] 冯耕中 . 物流信息系统 [M].2 版 . 北京：机械工业出版社，2020.

[34] 郁士祥，杜杰 .5G+ 物流 [M]. 北京：机械工业出版社，2020.

[35] 郭慧馨，葛健 . 移动互联时代大数据对供应链整合营销的影响研究 [M]. 北京：中国财富出版社，2020.

[36] 姚佳琪 . 大数据时代"智能物流"新模式研究 [M]. 西安：西北工业大学出版社，2020.

[37] 孙雪峰 . 供应链金融 [M]. 北京：机械工业出版社，2020.

[38] 新益为 . 智能时代的精益供应链管理实践 [M]. 北京：人民邮电出版社，2020.